Ulrich Bunjes
Ein Held in der Buttermilch
Stories und Gedichte

AF191576

Speyer
2022

Schreiben ist schreiben. Wer handeln will und kann, der hat, wenige Ausnahmen abgerechnet, nicht Zeit noch Lust zu schreiben. Und wenn die Sachen so recht in die Feder treten, so pflegen sie aus dem Menschen heraus zu sein. Und der dagegen meint, wenn sie auf dem Papier stehen, so hätte er sie. Auch kann auf dem Papier dies und das aussehen, als wenn's was wäre, und ist doch nur ein gewöhnlich Backwerck.

Matthias Claudius (1740-1815), aus dem "Wandsbeker Boten"

Ulrich Bunjes

Ein Held in der Buttermilch

Stories und Gedichte

Speyer
2022

© Ulrich Bunjes, Speyer
November 2022

Herstellung und Verlag: BoD - Books on Demand,
Norderstedt

Gesetzt in Calibri und Calibri Light

ISBN: 9783756886487

Die Titelillustration ist der Nummer 21 des *Kladderatsch*
vom 8. Mai 1853 entnommen.

Inhalt

Ein Held in der Buttermilch

In Norddeutschland gibt es eine merkwürdige, heutzutage ziemlich rätselhafte Redewendung, die man als Kind manchmal hört. Auf Hochdeutsch übersetzt heißt sie: „Du bist der Held in der Buttermilch, wenn die Klöße draußen sind."

Also ein lächerlicher Held, der zwischen allen Stühlen sitzt.

Einer der größten Kämpfer dieser speziellen Art, den es in unserem kleinen Dorf in Dithmarschen je gegeben hatte, war wohl Leo Detleffsen. Ihm gelang es mit geradezu heldenhafter Anstrengung, sich zwischen wirklich alle Stühle zu setzen.

Leo war von Statur eher klein und schmächtig, aber dabei gar nicht mal so schlecht anzuschauen. Er hatte lebhafte, listige Augen — und immer schwarze Fingernägel, denn er arbeitete seit einigen Monaten als Geselle in der Werkstatt des hiesigen Landmaschinenhändlers. Nun suchte er „eine Frau fürs Leben". Wie man so sagt. Immer nur für Holstein Kiel oder — wie die meisten anderen im Dorf — für den Heider SV zu schwärmen, reicht ja nicht aus.

Die erste Freundin verließ ihn kurz vor Abschluss der Berufsschule, was wir alle verstanden, denn sie musste nach Husum umziehen. Leo war vorübergehend geknickt, aber im Dorfkrug redeten wir ihm gut zu, dass es ja nur besser werden könne. Mein Freund Thorsten sagte damals zu ihm: „Die einzige Frau, auf die du wirklich hören solltest, ist die Stimme aus dem Navi." Und Sebastian zitierte schnell noch den alten Spruch: „Die Frau ist die einzige Beute, die ihrem Jäger auflauert." Also richtig aufbauende Sachen. Trotzdem brauchte Leo einige Zeit, um wieder auf Touren zu kommen.

Damit begann allerdings auch das Verhängnis. Denn einerseits himmelte er, wie wir alle wussten, die junge Witwe von Hinnerk Lebuda an. Frau Lebuda, mit ihrem geerbten Grundbesitz und ihrer freundlichen Art eine „gute Partie", wie alle im Dorf fanden, wollte leider nichts vom kleinen Leo wissen. Ihr stand wohl der Sinn nach Besserem, sie hatte einen untadeligen Ruf zu verlieren und musste sich nach dem Unfalltod ihres Mannes erst einmal ein wenig sammeln. Aber Leo ließ nicht locker. Immer wieder lud er sie erfolglos zu Wanderausflügen oder zu einer Fahrt ins Kino nach Hamburg ein. Im Dorfkrug mussten wir uns dann immer wieder anhören, wie frustriert er war. Wo er doch so ein toller Mann sei. Sogar die Eintrittskarte zu einem Rockfestival wollte er ihr schenken, aber sie lehnte ab. Die Tickets für das Festival hätten je achtzig Euro gekostet, berichtete Leo uns am nächsten Tag; wen er denn nun mitnehmen solle? Von uns meldete sich niemand. Wir hatten schon Karten.

Andererseits war er zur gleichen Zeit schwer von „Fräulein" Großenroth beeindruckt, das hat er uns selbst erzählt. Sabine Großenroth bediente in der Bäckerei. Sie war damals achtzehn oder neunzehn, blond, recht präsentabel und passte nach unserer Auffassung damit exakt in Leos Beuteschema — allerdings auch in das Beuteschema von uns anderen. Wir hatten alle schon versucht, sie zu einem Date zu überreden. Immer vergeblich, deshalb war sie für uns nur: „das Fräulein".

Leo war jedoch hartnäckiger als wir alle. Jedes Mal, wenn er aus der Bäckerei kam, war sein Gesicht eindeutig rötlicher als vorher bei seinem Eintreten in den Laden. In diesen Wochen konnten wir zusehen, wie Leo wegen des ständigen Kaufs — und nachfolgenden Verzehrs — von Brot und Kuchen in unüblichen Mengen ein wenig in die Breite ging.

Leos Problem war, dass er sich nie richtig entscheiden konnte und dass er im direkten Zusammentreffen mit schönen Frauen sofort die Waffen streckte. Einer von uns war dabei, als sich an der Ladentheke zwischen Leo und „Fräulein" Großenroth der folgende, richtig spannende Dialog entwickelte:

„Moin, Herr Detleffsen, schön dich zu sehen. Was darf's denn sein?"

Pause.

„Weiß nicht. Ein Brötchen? Oder… zwei?"

Das war's. Leo bezahlte seine ein Euro zwanzig und verließ die Bäckerei, hochrot im Gesicht. Abends im Dorfkrug konnten wir uns vor Lachen gar nicht wieder einkriegen. Der Spruch: „Ein Brötchen – oder zwei?" sollte im Dorf noch Jahre später, als Leo schon lange zu VW nach Wolfsburg abgehauen war, für enorme Heiterkeit sorgen.

Aber irgendwann muss er sich wohl ein Herz gefasst und gegenüber Sabine Großenroth einen ganzen Satz formuliert haben. Jedenfalls kam er mit ihr eines Abends in den Krug, und sie setzten sich abseits von uns an einen der kleinen Tische. Wir beobachteten mit großem Interesse den Fortgang der Angelegenheit, bekamen aber wegen des allgemeinen Lärms nichts mit, außer, dass er ein Bier, sie aber nur Cola light trank.

Das wiederholte sich einige Tage lang, ohne dass Entscheidendes passierte.

Und dann hörte es einfach auf. Keiner von beiden ließ sich mehr im Dorfkrug blicken. Als wenn nichts gewesen wäre, bediente Fräulein Großenroth wie immer in der Bäckerei, und Leo konnte man mit seinen dreckigen Fingernägeln im Overall in der Werkstatt unter den Mähdreschern liegen sehen.

Erst später erfuhren wir gerüchteweise, welches Drama sich wegen Leos Unachtsamkeit abgespielt hatte. Er hatte vergessen, dass auch die Witwen von Großbauern ab und zu Brot kaufen müssen. Zwischen

Frau Lebuda und „Fräulein" Großenroth hatte sich eines Tages wohl ein Gespräch ergeben, das Leos Absichten sehr zuwiderlief. Wir konnten nur spekulieren, welche Informationen über ihren gemeinsamen Verehrer zwischen den Frauen ausgetauscht wurden. Jedenfalls sprachen beide von da an kein Wort mehr mit ihm.

Und da erwähnte jemand abends im Dorfkrug das mit der Buttermilch. Alle lachten, wobei niemand genau sagen konnte, welche Art von Klößen genau gemeint war. Vor allem aber fühlten wir alle ein wenig Mitleid mit Leo.

Ein Missverständnis am Meer

Durch das breite Panoramafenster hatte sie einen atemberaubenden Blick auf das Meer. Zu dieser Tageszeit war das Wasser grau, nicht blau, und kleine, dramatische weiße Kammwellen rollten auf das Hotel zu. Durch das Glas konnte sie die Möwen schreien hören, die das kühle Wetter nicht wahrnahmen und deshalb den Strand ganz für sich allein hatten.

Sie lächelte und wandte sich ihrem Frühstück zu. Das Fenster nun in ihrem Rücken, begann sie den Tag zu planen. Das berühmte Resort war fast leer, in dem riesigen Gebäude befanden sich vielleicht zehn andere Gäste, die das verlängerte Wochenende ausnutzten. Der Schönheits- und Wellness-Service war auf ein absolutes Minimum reduziert worden, was ihr gut gefiel – keine urbane Zerstreuung, die sie von der rauen Natur draußen und den Wörtern ablenkte, von denen sie hoffte, dass sie sich in ihrem Kopf bilden würden. Wörter, die sich zu Sätzen zusammenfinden würden. Sätze, die zu Absätzen und schließlich zu einer echten Geschichte gerinnen könnten. Ein Nordseehotel in der Nebensaison ist dafür der ideale Ort, dachte sie.

Nach dem Frühstück machte sie einen Strandspaziergang und fühlte sich fast augenblicklich wiederbelebt, innerlich jubelnd. Allein in dieser wilden Umgebung zu sein, vermittelte ihr den Eindruck, ein unmaßgebliches Atom in einem großen Ganzen zu sein, ein unbedeutendes Nichts, von den Elementen herumgeschleudert. Genau dieses Gefühl der Leere würde ihr helfen, ihre innersten Gedanken anzuzapfen, die ursprüngliche Quelle von Sinn und Verständnis zu befreien. Sie ließ das Mittagessen ausfallen und genoss noch ein bisschen länger das Bewusstsein ihrer Existenz.

Noch immer spürte sie die angenehme Wirkung der Wintersonne auf ihrem Gesicht, als sie zum Abendessen das Hotelrestaurant betrat. Der Platz am Panoramafenster sei noch frei, sagte ihr der auf diskrete Weise gutaussehende Kellner, kein Problem. Das heutige Menü werde gleich serviert werden; ob sie einen Aperitif möchte?

Die Nacht senkte sich über das Meer, das ihr jetzt ruhiger vorkam als beim Frühstück. Vielleicht war es auch nur das verblassende Licht, das sanft die weiter entfernten Wellen bedeckte. Gedankenverloren wandte sie sich vom Fenster ab und fand die Vorspeise bereits lautlos serviert vor ihr stehen.

Als sie das Hauptgericht halb aufgegessen hatte, schob sie den Teller nach links und schlug ihr rotes Notizbuch auf. Was hatte sie am Strand so tief berührt

– der endlose Horizont? Die großen weißen Vögel, die sich bedenkenlos in das windgepeitschte Wasser stürzten? Der Sand, der sich so schnell verfärbt hatte? Sie brachte einzelne Worte zu Papier und formulierte ein paar Sätze, um die magischen Momente festzuhalten. Material für ein längeres Stück, das zu einem späteren Zeitpunkt fertiggestellt werden könnte. Ja, sie würde Kaffee nehmen, sagte sie dem Kellner.

Am Freitagmorgen nahm sie sich kaum Zeit zu frühstücken. Raus in die Wildnis, in die Natur, um das Gefühl tiefer Glückseligkeit erneut wachzurufen. Sie ahnte, dass sie bald die harte Schale literarischer Konventionen durchbrechen könnte, wenn sie mehr Zeit an diesem Ort verbringen würde, umgeben von nichts als roher Energie.

Beim Mittagessen bemerkte sie denselben Kellner wie am Abend zuvor, sehr attraktiv in seinem enganliegenden Smoking, der sich ruhig und taktvoll um sie kümmerte. Ein Aperitif zum Mittagessen, warum nicht? Sie dankte ihm anmutig und versuchte, ihn nicht zu bedeutungsschwer anzusehen. Stattdessen warf sie einen Blick auf die beiden älteren Paare, die ein paar Meter von ihr entfernt saßen. Gott sei Dank würde es viele Jahre dauern, bis sie deren Alter erreichte.

Das Essen war noch nicht einmal beendet, als sie ein wenig Platz auf dem Tisch freimachte und ihr

Notizbuch öffnete. Die Protagonisten müssten einige Zeit zusammen am Meer verbringen, ja, das hätte das dramatische Potenzial, die Geschichte zu tragen, wenn man es mit grundlegenderen Einsichten in die Funktionsweise des Herzens koppelte. Vielleicht ein guter Ausgangspunkt. Sie konzentrierte sich auf das Schreiben und füllte zwei weitere Seiten mit Notizen, die linke für die männliche, die rechte für die weibliche Figur.

Als der Kellner herüberkam, blickte sie auf und bemerkte, dass er — sobald er in ihrer unmittelbaren Nähe war — es vermied, sie direkt anzusehen. Stattdessen hielt er den Blick tief auf den Tisch gerichtet. Wie süß, dachte sie, wie herrlich schüchtern und respektvoll. Sie hätte gern einen Kaffee, danke. Er lächelte, und sie fragte sich, ob sie etwas Unpassendes gesagt hatte.

Im Laufe des Nachmittags gewannen die beiden Romanfiguren an Tiefe. Der Himmel war bedeckt, und sie zog es vor, in ihrem Hotelzimmer zu bleiben. Sie fühlte, dass sie auf dem richtigen Weg war; die Geschichte begann, in ihrem Kopf wahr zu werden. Bis sie dem Verlag etwas präsentieren konnte, war es noch ein langer Weg, aber selbst der weiteste Weg… Sie mahnte sich, besser auf Klischees zu achten.

Die Zeit des Abendessens kam, und sie ging ohne wirklichen Appetit ins Restaurant hinunter. Der Kellner begrüßte sie mit einem offenen Lächeln und ging mit jugendlichen Schritten vor ihr her zum Platz am Panoramafenster. Sie hatte den deutlichen Eindruck, dass mehr als professionelle Aufmerksamkeit im Spiel war, und sie lächelte länger als unbedingt nötig, als er den Stuhl zurückzog, damit sie sich setzen konnte. Was für ein netter Mann. Möchte die gnädige Frau einen Aperitif? Ja, versicherte sie ihm, mit Vergnügen. Und wie würde das Wetter morgen sein, frage sie sich? Dasselbe wie heute, gnädige Frau, angenehme Temperaturen, etwas bewölkt. Sie sah ihn an und sagte, dass sie ihren Aufenthalt sehr genieße.

Während die verschiedenen Gänge des Menüs kamen und gingen, bemerkte sie, dass der Kellner sie öfter und intensiver ansah, als es in einem Nobelhotel wie diesem üblich war. Sie betrachtete ihren Teller und das kleine rote Buch vor ihr. Um die Situation zu entschärfen, und um das Erröten zu vermeiden, die sich in ihr aufbaute, begann sie, ein paar triviale Worte aufzuschreiben. Ein attraktiver Mann war auf sie aufmerksam geworden, na und? Sie war nicht wegen eines Wochenendabenteuers hierhergekommen, oder? Sie wollte arbeiten und nachdenken.

Und doch fühlte es sich nicht ganz schlecht an. Sie errötete trotz ihrer festen Entschlossenheit.

Als der Kellner wenige Minuten später den Tisch abräumte, hatte sie wieder den Eindruck, er studiere bewusst den Tisch, anstatt sie anzusehen. Sie klappte das Buch fast automatisch zu. Ihn die Notizen lesen zu lassen, wäre unangebracht, dachte sie, beinahe intim. Und ja, ein Kaffee wäre nach diesem Essen in Ordnung, sagte sie. Und hatte er letztes Jahr schon hier gearbeitet? Wirklich? Sicherlich ein toller Ort, so nah am Meer. Der Kellner lächelte und sagte ihr, er genieße jede Minute in diesem Haus. So ein elegantes Hotel, angenehmes Management auch, nette Kollegen. Hatte das Essen ihre kulinarischen Erwartungen erfüllt? Sie habe sicherlich hohe Ansprüche an die gastronomische Qualität?

Sie lehnte sich zurück und wartete eine Sekunde, bevor sie sagte: „Ich muss gestehen, ich habe kaum gemerkt, was ich gegessen habe. Die ganze Situation ist so spannend."

Moment mal, hatte sie das wirklich gesagt? Sie errötete wieder, fummelte an ihrer Handtasche herum, nahm ihr Notizbuch und verließ schnell das Restaurant, ohne noch einmal den Kellner anzusehen, der leicht ratlos dastand. In dieser Nacht hatte sie Schlafprobleme.

Das Frühstück am Samstagmorgen war ereignislos. Der Kellner war nicht da, die wenigen Gäste wurden von einer schlecht gelaunten jungen Frau bedient. Das Wetter war schön, und sie beschloss, einen langen Strandspaziergang zu machen. Er würde ihren Kopf frei machen und möglicherweise auch den

Aufbau der Geschichte voranbringen. Sie war fast erleichtert, als sie die Möwen kreischen hörte, die kühn die Wellen angriffen, hin und wieder einen kleinen Fisch im Schnabel hielten, wenn sie wieder in die Luft aufstiegen und das Wasser aus ihren Flügeln schüttelten.

Mittags war der Kellner wieder im Dienst, lächelnd, zuvorkommend wie immer. Sobald sie ihren gewohnten Platz am großen Fenster eingenommen hatte, erkundigte er sich, ob sie tatsächlich die Absicht habe, morgen, Sonntag, nach dem Mittagessen, das Hotel zu verlassen. Ja, sagte sie, unsicher, worauf er hinauswollte.

„Gnädige Frau" sagte der Kellner, „der Direktor möchte Sie einladen, heute Abend sein Gast im VIP-Salon zu sein. Wäre Ihnen das recht, gnädige Frau?" Für einen Moment dachte sie, dass er in der dritten Person Singular von sich selbst sprach, was mehr als angenehme Perspektiven eröffnen würde. Aber nein, das wäre zu viel gewesen, nicht an einem Ort wie diesem.

Sie muss ein wenig verwundert ausgesehen haben, denn er fügte schnell hinzu: „Um zwanzig Uhr?" Sie nickte, überhaupt nicht sicher, wie sie dieses Abweichen von der Hotelroutine interpretieren sollte. Ja, warum nicht, obwohl sie keinen Grund finden konnte, warum die Direktion ihr irgendwelche Privilegien gewähren sollte. Schade allerdings, dass sie diesen gutaussehenden Kellner heute Abend wahrscheinlich nicht sehen würde. Um ehrlich zu sein, hätte sie seine Gesellschaft, ein Schwätzchen und ein oder zwei Gläschen nach Ende seines Dienstes an der Bar bevorzugt und irgendwie sogar erwartet.

Das Mittagessen war zufriedenstellend, das Restaurant war ruhig, bis auf ein streitendes und dann eisern schmollendes Paar in der Ecke. Nichts würde sie selbst vom Tagträumen abhalten. Ihr Konzept für die Erzählung hatte seit ihrer Ankunft gute Fortschritte gemacht. Das Meer tat ihr gut, und die Aufmerksamkeit eines interessanten Mannes, der ihr tiefe Blicke schickte, hatte eine extra belebende Wirkung, daran bestand kein Zweifel. Sie würde den Nachmittag nutzen, um ein oder zwei Stunden am Strand spazieren zu gehen, nachzudenken, in ihrem Kopf Sätze zurechtzulegen, sich Orte und Situationen vorzustellen. Und Umarmungen.

Zur vereinbarten Stunde erwartete sie der Direktor an der Tür des kleinen Nebenzimmers. Er entpuppte sich als eher rundlicher, stämmiger Mann mit spärlichem, blondem Haar, der ein professionelles Lächeln aufsetzte, sobald er sie sah. Höflich half er ihr, an dem kleinen, bereits gedeckten Tisch für zwei Personen Platz zu nehmen.

„Vielleicht erinnern Sie sich nicht an mich", sagte er, nachdem die schlecht gelaunte junge Bedienung den ersten Gang serviert hatte. „Aber ich glaube, ich habe Sie bemerkt, als Sie letztes Jahr das *Four Seasons* in Bangkok besucht haben." Das Lächeln verschwand nicht aus seinem Gesicht. Sein Ton war aufrichtig war, fast sachlich, wie es ihr vorkam. „Ich war dort für einige Zeit als stellvertretender Direktor stationiert. Es war ein fantastischer Einsatz, exzellentes Hotel mit hohem Standard, sehr interessante Gäste. Wie Sie wissen, kann das Klima dort jedoch manchmal schwierig sein." Er sah sie an und versuchte sichtlich, ihr eine Antwort zu entlocken. Als keine kam, fügte er unverbindlich hinzu, als wolle er das Gewicht des folgenden Satzes herunterspielen: „Wir haben die Bewertung, die kurz nach Ihrem Besuch in diesem berühmten Reiseführer erschien, mit Interesse studiert." Zu den Wörtern „mit Interesse" machte er mit seinen Fingern virtuelle Anführungszeichen in der Luft.

Sie war verwirrt und es dauerte einige Augenblicke, bis sie den Sinn dessen, was sie gerade gehört hatte, verstand. Dann sagte sie:

„Ich bitte um Verzeihung, aber ich war noch nie in Bangkok. Sie müssen jemand anderen gesehen haben."

Er lachte und sagte schnell:

„Ich wusste, dass Sie das sagen würden. Aber egal, das ist Ihr Job und ich akzeptiere das, warum auch nicht. Wir im Gastgewerbe müssen zusammenhalten, nicht wahr?"

Die professionelle Einstellung hatte ihn, trotz seines leicht ironischen Tons, keine Sekunde verlassen. Er bot ihr mehr Wein und den Brotkorb an. Dann wechselte er für einen Moment das Thema und teilte ihr mit, dass der Fisch heute Morgen auf dem örtlichen Markt gekauft worden sei. „Superfrisch. Diese Qualität bekommt man nirgendwo in der Stadt."

Er klang jetzt wie ein Verkäufer. Nach einer kleinen Pause kam er jedoch zu seinem ursprünglichen Monolog zurück.

„Ein kleiner Vogel hat mir aus der Zentrale gezwitschert, dass sie jemanden schicken würden, für einen kleinen Checkup. Daran ist überhaupt nichts auszusetzen, Gott bewahre. Ich hoffe, wir haben den Test bestanden?"

Sie holte tief Luft und versuchte, ihre Gedanken zu ordnen. Sie hätte nicht so viel Wein akzeptieren sollen. Die Essenseinladung war offensichtlich nicht ganz unschuldig gewesen. Etwas verlegen sah sie ihm ins Gesicht und sagte langsam:

„Ich war noch nie in Bangkok und ich bin keine Essens- oder Hotelkritikerin. Ich bin Autorin, ich schreibe Liebesromane. Sie irren sich, und ich habe keine Ahnung, wieso wir in diese Situation gekommen sind."

Jetzt war er an der Reihe, innezuhalten und ihre Erklärung zu verdauen. Vielleicht war es die Aufrichtigkeit in ihrer Stimme oder die Erwähnung von Liebesromanen, die eher zu dünn war, um als glaubwürdige Ausrede durchzugehen. Jedenfalls zögerte er und sagte dann, diesmal ohne ein Lächeln: „Sie wurden nicht von der Zentrale geschickt?"

Der Hauptgang wurde serviert und der Manager entspannte sich sichtlich, als fiele eine schwere Last von ihm ab. Das Haus würde es sehr bedauern, falls die Fehleinschätzung eines Mitarbeiters sie in eine peinliche Situation gebracht habe, sagte er und entschuldigte sich immer wieder. Er hoffe, dass das besondere Abendessen der bedeutenden Schriftstellerin, die — wenn auch nur für ein paar Tage — zu beherbergen das Hotel die Ehre habe, dennoch gefalle… Seine Stimme verlor sich im Nirgendwo. Ihre Gedanken wanderten ab.

Als der Direktor sie nach dem Dessert fragte, ob sie mit ihm auf der Terrasse eine Zigarette rauchen wolle, bedankte sie sich für das Abendessen und verabschiedete sich. Ohne Umweg zur Bar bezog sie ihr Zimmer für die Nacht.

Am Sonntagmorgen nahm sie nur ein sehr leichtes Frühstück zu sich. Sie ging zur Rezeption und bat um die Rechnung. Und ja, sie werde heute nicht wie ursprünglich geplant zu Mittag essen, danke.

Dringende Angelegenheiten verlangten ihre Anwesenheit zu Hause.

Sie ging zu ihrem Auto und fuhr los, ohne sich noch einmal umzusehen. Sie nahm nicht einmal mehr die Möwen wahr.

Irgendwas ist immer

Die Zeitung berichtet
Im Osten herrscht Hunger
Das Getreide verdorrt
Babys schreien
Bäuche sind leer
Die Oma sagt
Irgendwas ist immer

Die Zeitung berichtet
Im Süden gibt's Krieg
Soldaten werden Tiere
Bomben zerreißen
Menschen und Vieh
Die Oma sagt
Was man so schreibt

Die Zeitung berichtet
Im Westen fallen Schüsse
In Schulen und Ämtern
In Kirchen und Nachtclubs
Ohne Skrupel ohne Reue
Die Oma sagt
Jeder wie er kann

Die Zeitung berichtet
Im Norden schmilzt Eis
Bald steigen die Meere
Dann brechen die Deiche
Wasser verschlingt uns
Die Oma sagt
Da steckst'e nicht drin

Die Zeitung berichtet
Bald wird gewählt
Rechte und Linke
Wollen alles ganz schnell
Anders machen als früher
Die Oma sagt
Komisch hab ich schon mal gehört

Jack

Jack hat mir vor Jahren einmal eine fürchterliche Story erzählt, die mir nie mehr aus dem Kopf ging. Irgendetwas mit Ratten in einer Restaurantküche. Deshalb bin ich bis heute immer sehr vorsichtig in der Wahl der Kneipen, die ich aufsuche.

Mit Jack verband mich eine interessante Freundschaft. Auf der einen Seite konnten wir uns so ziemlich alles sagen, auch unangenehmere Dinge, misslingende Frauengeschichten und so. Andererseits habe ich Jack nie voll vertraut. Er hatte etwas an sich, was mir Angst machte, etwas Dunkles, Unergründliches. So erwähnte er einmal, dass er einige Woche im Gefängnis verbracht habe, unten in Bayern, aber er dürfe nicht sagen warum. Ein andermal zeigte er mir eine große, längst verheilte Wunde am Oberschenkel, die er sich angeblich bei einer Messerstecherei mit Albanern eingefangen hatte. Wo? Wann? Warum? Er sagte es mir nicht.

Ich wusste nicht einmal, wo er herkam. Seine Sprache war sächsisch-thüringisch gefärbt, aber aus seiner Kindheit und Jugend machte er ein großes Geheimnis. Nach der Wende muss er wohl eine Zeitlang im Allgäu gelebt haben. Wo er zur Schule gegangen war, ob er studiert hatte — ich wusste es nicht.

Jack und ich hatten uns in einem Baumarkt kennengelernt, wo wir für den Mindestlohn Regale einräumen und anschließend den Verpackungsmüll in große Container werfen durften. Knochenarbeit, aber nicht allzu stressig. Wir konnten unseren eigenen Rhythmus entwickeln und hatten ausreichend Zeit, zwischendurch eine Zigarette zu rauchen. Unser Chef flirtete lieber mit einer der Kassiererinnen, als uns zur Arbeit anzutreiben.

„Ich heiße Jack", sagte er einfach und streckte mir die Hand zur Begrüßung entgegen, als wir uns zum ersten Mal sahen.

Ich nannte meinen Namen und ergriff seine Hand, die mir für die Arbeit im Baumarkt eigentümlich zart und zerbrechlich vorkam. So begann alles.

Manchmal frage ich mich heute, ob man mit der Wahl seiner Bekanntschaften nicht vorsichtiger sein sollte. Eine Hand zu viel geschüttelt kann enorme Probleme bereiten. So wie eine Nacht mit der falschen Frau. Oder wie eine Unterschrift unter einem Wisch, den man nicht vollständig durchgelesen hat.

Wir waren nicht lange zusammen im Baumarkt. Jack erschien eines Tages nicht mehr zur Arbeit. Am Telefon sagte er mir später, dass er wegen dringender Sachen nach Berlin musste. Mehr dürfe er nicht sagen, aber das tue unserer Freundschaft doch keinen Abbruch, oder? Und dann erzählte er von einem Freund, der einen Dönerladen in Pankow betreibe und bei dem er untergekommen sei. Seinen ausstehenden Lohn solle der Baumarkt einfach behalten, darauf komme es ihm gar nicht mehr an.

Einige Monate lang entwickelte sich unsere Freundschaft per Telefon. Immer war er es, der mich mit unterdrückter Nummer anrief, meistens spät abends. „Hier ist Jack, wie geht's, alter Schwede." Das waren immer seine ersten Worte. Und dann redeten wir mindestens eine Stunde über dies und das, über den Baumarkt, manchmal über Autos, häufig über Frauen, oder den Alltag in Berlin. Jack besaß keinen Führerschein, wie er mir einmal anvertraute, weil es sich einfach nicht so ergeben hatte. Deshalb konnte er mit gegenüber mit einer überraschend detaillierten Kenntnis der öffentlichen Verkehrsmittel in der Hauptstadt angeben. Ob die S20 morgens um 4.30 Uhr schon fuhr oder nicht, wann der Betrieb der Linie 250 sonntagsabends eingestellt wurde – Jack wusste es, und er ließ mich ungefragt an seinem Wissen teilhaben.

Mich interessierte das zwar weniger, aber in dieser Phase unserer Freundschaft hörte ich Jack gern zu. Wann immer ich ihm persönlichere Fragen stellte, z.B. ob er sich verliebt habe oder wer der Dönerbudenbesitzer war, blockte Jack ab und ließ alles im Ungefähren. „Ein Freund eben" war seine Antwort, „von früher." Mehr war ihm am Telefon nicht zu entlocken.

Für mich war diese Art der Sparsamkeit okay. Im Nachhinein könnte man auf den Gedanken kommen, dass ich wohl stärker hätte nachhaken sollen. Aber damals hatte ich meine eigenen Sorgen, und die Biografie eines Dönerbudenbesitzers in der fernen Hauptstadt war mit letztlich auch egal.

Als der Baumarkt aus dem Geschäft ging, stand ich ein paar Tage auf der Straße. Jack konnte ich nicht anrufen, weil ich seine Nummer nicht hatte. Zu meinen Eltern wollte ich nicht zurück, das hätte alle nur gestresst. Also bewarb ich mich auf ein Angebot, das ich im Internet gefunden hatte: als Mitarbeiter einer Security-Firma. Keine besonderen Qualifikationen außer körperlicher Fitness nötig, hieß es in der Anzeige. Der Witz war, dass sich die Firma in Berlin befand. Also näher an Jack.

„Ich komme nach Berlin", sprudelte es aus mir heraus, als er wieder anrief, „dann machen wir einen drauf, Alter! Kannst du mir ein Zimmer besorgen? Ohne Ratten?"

„Das wird schwierig", meinte er nach zwei Sekunden Pause in ruhigem Ton und ohne richtiges Bedauern in der Stimme. „Ich habe selbst nur eine Schlafcouch. Alles nicht so easy hier." Von Freude keine Spur. Ich hatte eigentlich erwartet, dass auch er den Gedanken an ein Wiedersehen ganz gut fand. Aber irgendetwas war anders als früher. Irgendetwas war zwischen uns getreten, etwas Dunkles, leicht Bedrohliches.

„Überleg dir das noch einmal mit Berlin", fuhr er leicht gestresst fort, „hier geht es drunter und drüber. Ich habe auch keine Zeit, mich um dich zu kümmern. Bin selbst so beschäftigt."

„Was machst du denn so zurzeit?", fragte ich ihn arglos. Wie man sich eben ohne Hintergedanken bei einem Freund — oder jemanden, den man für einen Freund hält — erkundigt.

„Mann", kam seine Antwort, „was du alles wissen willst. Und du, wo hast du angeheuert?"

Ich erzählte ihm alles mit einem gewissen Stolz darüber, dass ich ganz allein eine neue interessante Stelle gefunden hatte, noch dazu in der Hauptstadt. Als ich die Zusage in der Tasche hatte, war ich noch ganz aufgeregt gewesen. Aber jetzt, nach dem Telefonat mit Jack, war ich mir nicht mehr so sicher, dass der Umzug eine gute Idee war.

Der Wohnortwechsel ging dann problemlos über die Bühne. Ich hatte ja nichts, was nicht in einen kleinen Lieferwagen gepasst hätte. Dank der Vermittlung der Security-Firma konnte ich nach einigem Hin und Her an der Kaiser-Wilhelm-Straße in Lichterfelde ein Zimmer beziehen.

Nach einigen Tagen Einarbeitung wurde ich in das Team eingeteilt, das für die Berliner Verkehrsbetriebe nachts auf deren Bauhof aufpassen sollte. Hat mir die

Arbeit Spaß gemacht? Ja. War stressfrei. Nachtarbeit hat mir damals nichts ausgemacht. Die Kollegen waren stolz auf ihre schwarze Uniform, aber korrekt, vielleicht ein bisschen langsam in ihren Bewegungen und in ihrer Auffassungsgabe, dabei nicht unfreundlich. Niemand von uns kam aus Berlin, und kaum einer hatte eine Berufsausbildung gemacht. Eine eher schlichte Truppe also. Die Gespräche, die sich zwischen den regelmäßigen Runden ergaben, die wir um den Bauhof drehen mussten, waren dementsprechend: schlicht.

Der einzige Nachteil der Nachtarbeit war, dass ich in den folgenden Wochen kaum noch mit Jack telefonierte. Wenn ich im Dienst war, durfte ich das private Handy nicht einschalten. „Aus Sicherheitsgründen", wie es hieß. Auf dem Bauhof lagen große Kabeltrommeln herum, und zwei verschlossene Container mit elektronischem Zeug. Außerdem waren dort kleine Gabelstapler und Traktoren geparkt. In einer Ecke des weitläufigen Areals hatte man Bahnschwellen gestapelt, die vermutlich mit Asbest oder irgendeinem anderen chemischen Zeug so verseucht waren, dass sie nicht mehr im normalen Bahnnetz eingesetzt werden konnten. Welche Sicherheitsgründe gegen ein privates Schwätzchen am eigenen Telefon sprachen, war uns schleierhaft, aber wir wollten auch nicht negativ auffallen. Die Handys blieben aus. Die Walkie-Talkies mussten an bleiben, natürlich.

Jack erwischte mich an einem dienstfreien Samstag am Telefon. Ich saß gerade in Lichterfelde allein bei einem Bier in einer Eckkneipe, von denen es ja in der Hauptstadt weniger und weniger gibt, und schaute mir Fußball auf dem großen Fernsehschirm an. Für Jack hatte ich immer Zeit.

„Security-Mann", begann er ohne lange Einleitung, „was geht so ab?"

„Und bei dir", fragte ich zurück. Ich mag es nicht, wenn man mich nicht mit meinem richtigen Namen anspricht.

Darauf er:

„Erzähl doch mal, wie das Leben in Lichterfelde ist. Und auf dem Bauhof, wo du dich immer rumtreibst."

Also erzählte ich, widerstrebend zwar, weil ich zunehmend das Gefühl hatte, dass er mich aushorchte. Aber aus alter Verbundenheit schilderte ich doch allerlei Details. Dann fragte ich ihn nach seinem Dönerbuden-Sofabesitzer und seinen Frauengeschichten. Aber viel bekam ich nicht aus ihm raus. Er war geheimniskrämerisch, wie früher. Aber er klang doch aus irgendeinem Grund interessierter als früher. Er erkundigte sich eingehend nach meinem Job, worauf wir da aufpassten, wie die Kollegen so waren. Und ob ich viel an Wochenenden arbeiten musste. Mein Bier war schal geworden, und das Fußballspiel schon abgepfiffen, als wir auflegten.

War ich zu arglos? Vielleicht. Aber mit irgendwelchen Informationen mussten unsere Telefongespräche ja gefüllt werden. Die Freundschaft mit Jack verlangte ein gewisses Maß an Vertrauen. Ich war dazu bereit. Jack wohl weniger, wie ich später erfuhr.

In der Woche darauf lief mein Alltag einfach weiter, mit Arbeit auf dem Bauhof, ein wenig Freizeit in der Eckkneipe und einem Kinobesuch an meinem arbeitsfreien Abend. Und in der Woche darauf ebenso.

Aber dann hatten wir doch Stress im Bauhof.

Der Kollege war aschfahl im Gesicht, als er im Laufschritt von seiner Runde zurückkam und uns eines Nachts atemlos berichtete, dass der Zaun beschädigt worden war und jetzt eine Lücke aufwies, durch die ein Lastwagen hätte fahren können. Wie sich herausstellte, *war* ein Lkw hindurchgefahren. Und wieder hinaus. Mit Sachen vom Bauhof.

Die Polizei kam, und die Leute von den Verkehrsbetrieben, und Zivilbeamte, die sich nicht vorstellten. Wir mussten haarklein berichten, wo wer sich wann aufgehalten hatte. Das Rundenbuch wurde gleich mitgenommen. Leute in weißen Overalls kamen und bauten Zelte auf, wahrscheinlich um Spuren zu sichern. Den Kollegen und mir sagte man nichts, wir wurden nur verdonnert, mit niemandem über den Vorfall zu reden, schon gar nicht mit der Presse.

Am nächsten Morgen wurde unser kleiner Trupp abkommandiert. Wir durften jetzt nachts eine Müllverbrennungsanlage bewachen, die weit draußen im Osten der Stadt lag. Von Lichterfelde aus dauerte jede Fahrt zu unserem neuen Einsatzort anderthalb Stunden, mit zweimal Umsteigen.

Ein paar Tage später meldete sich Jack mal wieder mitten in der Nacht am Telefon.

„Security-Mann", sagte er fröhlich, „haste Stress?"

Ich fragte mich unwillkürlich, woher er das wusste. Dann fragte ich ihn, was er meinte.

„Ach so, ganz allgemein", kam seine schnelle Antwort, „ich lese ja Zeitung. Aber egal. Was macht die Kunst? Liebesleben ok?"

Wir palaverten hin und her, ohne rechten Anfang und ohne Ende. Vielleicht noch oberflächlicher als sonst. Er ließ mich wissen, dass er das Sofa beim Dönerbudenbesitzer nun gegen ein halbes Doppelbett bei einer netten Lady eingetauscht hatte. Ihren Namen wollte er nicht nennen. „Der Gentleman genießt und schweigt", sagte er. Ich beglückwünschte ihn zu diesem Aufstieg, allerdings ohne rechte Begeisterung, denn mir war nicht klar, warum er immer wieder diese Geheimhaltungsmasche spielte. Ich schlug ihm deshalb vor, dass wir uns bald mal auf ein Bier sehen und uns richtig auf den neuesten Stand bringen müssten.

„Finde ich auch", sagte er, „aber im Moment ist das schwierig. Hab viel um die Ohren, besonders abends. Jetzt muss ich Schluss machen, die Lady kommt." Und es knackte in der Leitung.

Am nächsten Tag bekam ich in meinem engen Zimmer Besuch. Es waren zwei höfliche Beamte, die mir kurz eine Dienstmarke zeigten und sich danach erkundigten, mit wem ich in letzter Zeit telefonischen oder sonstigen Kontakt hatte. Auf meine Frage nach dem Grund dafür wichen sie aus und versicherten aber, dass alles seine Richtigkeit habe. Man könne die Befragung auch in den Diensträumen fortsetzen, wenn ich das vorziehe. Zu diesem Aufwand hatte ich natürlich keine Lust. Also fragten sie munter drauflos, wobei der eine Beamte sich auf mein ungemachtes Bett setzte, während der andere an der Tür stehen blieb. Ich durfte auf meinem einzigen Stuhl sitzen bleiben.

„Mit Prostjohann haben Sie keinen Kontakt? Janis Prostjohann?" fragte der jüngere der beiden.

„Keine Ahnung, wer das sein soll", sagte ich wahrheitsgemäß.

„Oder Ebersberg, Karsten Ebersberg?" fragte der andere.

„Kenn ich nicht", erwiderte ich, auch wahrheitsgemäß.

„Sie sind doch in der Security-Branche", meinte jetzt der Jüngere, „da muss Ihnen doch klar sein, dass Sie in Ihrem Beruf mit Sachen in Berührung kommen, für deren Kenntnis andere viel Geld ausgeben würden."

Ich sah nicht sofort, worauf sie hinauswollten, aber dann hatte ich eine Eingebung. „Sie meinen das auf dem Bauhof?"

„Könnte sein", sagte der Ältere. „Um bei dem Beispiel zu bleiben: mit wem haben Sie denn darüber gesprochen, was da so alles rumliegt?"

Die Liste, die ich ihnen gab, war kurz und umfasste nur einen Namen: Jack.

„Aha", sagte der Jüngere daraufhin, „Jack. Hat der auch einen Nachnamen?"

Da ich ihnen nicht weiterhelfen konnte, zog sich das Gespräch ein wenig in die Länge. Ob ich „Jack" beschreiben könne. Wann ich „Jack" zum letzten Mal gesehen hätte. Welchen Eindruck „Jack" dabei auf mich gemacht hätte. Wo „Jack" denn jetzt zu finden sei. Und so weiter. Sie wollten mir nicht so recht glauben, dass ich so wenig über meinen engsten Freund wusste. Mir wurde immer klarer, dass sie Jack im Verdacht hatten, in die Sache am Bauhof verwickelt zu sein. Zum Schluss kündigten sie an, dass sie mir am nächsten Tag gern ein paar Fotos zeigen würden. Vielleicht würde ich ja den einen oder anderen darauf erkennen.

Ich hatte ein ungutes Gefühl, als ich am nächsten Morgen nach kurzem Schlaf in das Gebäude des LKA trat. Die beiden Beamten warteten schon auf mich und fingen in ihrem Büro sofort an, Fotos vor mir auszubreiten. Eines zeigte einen Kollegen aus der Security-Firma, und als ich darauf tippte, lachten sie nur und sagten, das sei ein Scherz gewesen, nur, um mich zu testen.

Aber dann wurde auf ein Foto getippt, auf das ich innerlich schon seit dem Vortag vorbereitet war.

„Und der?", fragte der Ältere. „Schon mal gesehen?"

Ich nickte stumm und bekam kein Wort heraus.

„Den kennen Sie als ‚Jack', oder?" fragte der Jüngere mit Siegesgewissheit in der Stimme.

Wie weit reicht eine Freundschaft? Wie sehr muss man zu seinen Freunden stehen, auch in der Not? Aber lag hier überhaupt ein Notfall vor? Wie stand ich zu Jack? Wie stand er wohl zu mir? Was hatte er mir die ganze Zeit vorgemacht, wenn vielleicht nicht einmal sein Name stimmte? War es die ganze Zeit sein Programm gewesen, mich über seine Pläne und seine Lebensumstände im Dunkeln zu lassen? Wie dunkel muss es in ihm selbst aussehen, wenn er über eine so lange Zeit Maskerade spielen kann?

Mir stand der Schweiß auf der Stirn. Die Mangel, durch die ich gedreht werden sollte, wurde gerade in Bewegung gesetzt.

Man bot mir ein Glas Wasser an. Dann begannen die Fragen mit etwas mehr Schärfe. Nach Jacks Wohnort, seiner Beschäftigung, seinen Kontakten und Gewohnheiten. Wann ich ihn zuletzt gesehen hatte, was er bei den Telefongesprächen gesagt und gefragt hatte. Ob er Namen genannt hatte, oder Orte, oder Einsatzzeiten, oder Gegenstände. Wie er sich angehört hatte. Warum ich nicht weiter nachgehakt hatte, als er von seiner neuen Bekannten sprach, das sei doch ein interessantes Thema, unter Männern und so. Ob er jemals den Namen Prostjohann erwähnt hat. Ob wir über Politik gesprochen hätten. Was ich über den aktuellen Senat dachte. Ob ich mal Probleme mit der Polizei gehabt hatte. Es nahm kein Ende.

Also Karsten Ebersberg. Wer hätte das gedacht.

In den Tagen darauf versuchte ich, mich mit Kinobesuchen und Alkohol abzulenken. Ich ging mehrmals zum Gemeindepark Lankwitz und versuchte mich mit Joggen. Ich schaute mir an meinem freien Abend das Konzert einer lauten Amateurrockband an. Dann ging ich wieder ins Kino. Dann probierte ich es mit Fernsehen. Die Security-Firma hatte mich und die Kollegen unterdessen auf verschiedene Einsatzstellen verteilt; ich war an einem Industriehafen in Spandau gelandet.

Auf einen Anruf von Jack wartete ich vergebens.

So hatte ich Zeit, über ihn und mich nachzudenken. Jack stand für mich immer noch vor dem Regal im Baumarkt, lächelnd, manchmal jedoch griesgrämig und angestrengt, wenn seine schmalen Hände Schwierigkeiten mit dem groben Verpackungsmaterial hatten. Seine Stimme am Telefon, meistens leicht frotzelnd, und immer dann ausweichend, wenn es um ihn selbst ging. Meine Erinnerungen waren zunächst ziemlich intensiv und waren entsprechend belastend, weil ich mir selbst in dieser Geschichte ziemlich naiv und grenzenlos gutgläubig vorkam. Jede Vertrautheit hat zwei Seiten. Wenn die eine zur Täuschung bereit ist, erklärt sich die andere vielleicht auch dazu bereit. Zur Selbsttäuschung. Ich musste mir eingestehen, dass ich mir nie die Frage gestellt hatte, welchen Wert unsere Freundschaft für mich wirklich besaß, und welchen Wert sie für ihn haben mochte.

Aber dann kamen diese Gedanken immer seltener. Sein Bild in meinem Kopf verlor langsam alle scharfen Konturen.

Der Rest ist schnell erzählt. Im „Tagesspiegel" fand ich Berichte über den Prozess gegen „Karsten E., Janis P. und andere". Es ging um den Raub von großen Mengen an Kupferkabeln, Computern und verschiedenen Fahrzeugen, die aus unserem Bauhof geholt und verkauft worden waren. Aber nicht nur. Diese Leute hatten auch längs der S-Bahn-Trassen

Kabel durchtrennt und mitgenommen, sodass der gesamte Berliner Zugverkehr mehr als einen Tag völlig zum Erliegen gebracht worden war. Besonders schwerer Diebstahl, Bandendiebstahl und gefährlicher Eingriff in den Bahnverkehr, hieß es im Urteil. Angesichts der aktuellen Kupferpreise muss den Tätern der Plan wohl lukrativ ausgesehen haben, wurde ein Experte zitiert.

Ich kam mir grenzenlos blöd vor. Nichts hatte ich gesehen. Nichts hatte ich verstanden. Und von Freundschaft hatte ich noch weniger Ahnung. Ich musste bei Null anfangen. Und so begann ich langsam, der Geschichte rückblickend eine neue Bedeutung zu geben.

In der Zeit war ich einmal bei einem Rockkonzert. Die Band war ziemlich gut drauf, und eine ihrer Zeilen habe ich immer noch im Gedächtnis: „Deine Liebe ist nicht mehr als nur ein Autogramm." Das finde ich ziemlich passend, auch wenn es keine Liebe war, die mich über Jahre mit Jack verbunden hatte. Nur eine missverstandene Freundschaft.

Morgen ist Schluss

Morgen ist Schluss

Den leicht muffigen, abgestandenen Geruch des Ladens werde ich wohl noch lange nicht aus der Nase bekommen. Er, und der allgemeine Eindruck von Rückständigkeit, ja von Verweigerung der Gegenwart haben mich so viele Jahre begleitet.

Brav sagte ich „Guten Tag", als sich bei meinem letzten Besuch die Ladentür hinter mir mit dem leisen Klingeln der oben befestigten Glocke schloss und ich im Zwielicht den feisten Mann hinter dem Tresen mit der Kasse und den Informationszetteln zu den bevorstehenden Leseabenden und lokalen Ausstellungen ausmachen konnte. „Guten Tag, Herr Lampheimer", sagte ich, als ich schon mitten im Raum stand, noch einmal mit mehr Betonung, denn der Händler hatte — wie üblich — keine Anstalten gemacht, den Gruß zu erwidern. Vom Tresen her kam jetzt etwas, was man als Grunzen bezeichnen konnte. Ich war, wie so häufig, einziger Kunde im Laden.

Der Buchhandel Lampheimer & Co. hat mich mein Leben lang begleitet, wobei mir immer rätselhaft blieb, wer oder was sich hinter dem „Co." verbarg. Meine Mutter nahm mich schon in den siebziger Jahren manchmal mit, als sie sich dort mit Lesestoff versorgen wollte. Ich erinnere mich noch an die „Kinderecke" mit Stühlchen und einem kleinen Tisch, auf dem einige zerfledderte Bilderbücher lagen, die gewiss nicht zum Kauf einluden. Meine Mutter brachte mich immer irgendwie dazu, hier die Zeit zu verbringen, die sie benötigte, um sich die Neuerscheinungen anzusehen. Die Ecke gibt es schon lange nicht mehr; sie hat einem Drehständer mit schrecklichen Postkarten Platz machen müssen. Wahrscheinlich hatte Lampheimer irgendwann das Gequengel der Kinder satt; dass er damit zukünftige Kunden verlor, war ihm wohl egal.

Seit meiner Kinderzeit bin ich regelmäßig in den Laden zurückgekehrt. Fast überrascht es mich selbst, dass Lampheimer & Co. gewissermaßen zu einem Teil meines Lebens geworden ist.

Ich fand schnell, wozu ich den Laden aufgesucht hatte. Der letzte Roman von Amélie Nothomb lag bei den Büchern, die Lampheimer aus welchen Gründen auch immer seinen Kunden nahebringen wollte. Nie ist es mir gelungen, seine Auswahlkriterien für diesen besonderen Tisch mit dem handgeschriebenen Schild „Meine Empfehlungen" zu erraten. Aber manchmal — eher selten als häufig — fand ich dort, was meinen Leseneigungen entgegenkam.

Froh, dem Geruch des Ladens nicht länger als nötig ausgesetzt zu sein, ging ich zum Tresen, um zu bezahlen. Lampheimer sah von einem Buch auf, in dem er gelesen hatte, und ich hatte wieder den Eindruck, ein Kunde störe ihn eher in seiner Lektüre.

Große Worte machte der Buchhändler sowieso nie, und ich habe ihn nie lächeln gesehen. Fast immer steckte er das Geld der Käufer ohne ein Wort des Dankes oder der Ermunterung — beispielsweise „Damit werden Sie viel Spaß haben!" —, oder der Anerkennung — möglich wäre zum Beispiel ein fröhliches „Vielen Dank, dass Sie sich dafür entschieden haben, Sie sind ja ein richtiger Kenner!" — in seine in der obersten Schublade des Tresens verborgenen Ladenkasse.

Deshalb war ich doch überrascht, als er mich nach Abschluss des Bezahlvorgangs ansah und sagte: „Danke für die Jahre. Morgen ist Schluss. Es geht nicht mehr." Mehr sagte er nicht, aber ich verstand sofort. Sein Laden war schlicht aus der Zeit gefallen.

Sofort überflutete mich ein Gefühl der Trauer, aber auch der Erleichterung, und ich konnte nicht sagen, ob ich eher besorgt war oder ob mir nicht doch eine große Last von der Seele fiel. So viele Jahre hatte ich ihm die Treue gehalten, obwohl er seinen Laden nie renoviert oder vielleicht noch nicht einmal gründlich gelüftet hatte. Nie hatte er, wie seine Konkurrenten, Restauflagen mit Sonderrabatt angeboten. Nie hatte er es für nötig gehalten, einen Bestsellertisch zusammenzustellen, oder gar für manche der neuen Titel kleine Kärtchen mit einer kurzen Inhaltsangabe und den Gründen für seine Empfehlung zu verfassen. In seinen Räumlichkeiten gab es nie ein Hörbuch oder ein elektronisches Lesegerät zu kaufen.

Deshalb spürte ich auch keinerlei Mitleid mit seinem kaufmännischen Missgeschick.

Und trotzdem war ich all die Jahre immer zu ihm gekommen und hatte eisern dem Drang widerstanden, die einladend erleuchtete Niederlassung der großen Buchhandelskette auf der Hauptstraße aufzusuchen oder, noch schlimmer, den Versandhandel zu bemühen. Für mich gehörte Lampheimers kleiner Laden immer zu „meiner" Stadt; ihn wegzudenken hieße, die Kultur zu beschädigen und die Lebensqualität der Bürger zu schmälern.

Aber jetzt war ich plötzlich frei, und noch im Laden fing ich an, mich auf diesen neuen Abschnitt in meinem Leben — ohne Lampheimer & Co. — zu freuen. Es war erlösend, nicht mehr durch eine diffuse Loyalität gegenüber dem unfreundlichen Buchhändler gebunden zu sein, über deren Gründe ich mir nie Rechenschaft abgelegt hatte. Ab jetzt konnte ich mich im Laden auf der Hauptstraße ohne schlechtes Gewissen an den großzügigen Tischen mit den Bestsellern umsehen und in den Sonderangeboten stöbern. Vielleicht konnte ich sogar einmal online gehen und mir alle Titel von Amélie Nothomb in der Originalsprache anschauen, vielleicht eines Tages sogar im Internet eine Bestellung aufgeben. Ohne Lampheimer war ich unabhängig. Ich konnte endlich ein moderner Konsument werden.

Morgen war gar nicht Schluss. Morgen konnte ich einen neuen Anfang machen.

Von den zwölf Arten des Schweigens

Wir wissen nicht, ob Worte Leben retten können,
dass Schweigen tötet, hingegen schon.

James Orbinski („Ärzte ohne Grenzen")
in seiner Nobelpreisrede 1999

Stille hatte ihn schon früh fasziniert. Sie zog ihn an und sie stieß ihn ab. Sie machte ihn hilflos. Deshalb machte er sich daran, sie zu erforschen.

Bereits als Student war er auf die Variationen des Schweigens aufmerksam geworden. Zwei oder drei Sommer lang half er damals im Büro einer Versicherung aus, die sich den Luxus erlaubte, auch die formlosen, brieflich und teilweise sogar handschriftlich vorgebrachten Anliegen ihrer Kunden zu bearbeiten. Die drei Mitarbeiterinnen und Mitarbeiter versuchten tagaus tagein, aus der täglichen Post schlau zu werden und die verwertbaren Angaben in die große Datenbank einzupflegen. In diesem Büro wurde eigentlich nie geschwiegen, aber nicht, weil die Arbeit es verlangt hätte — Rücksprachen waren unnötig, jeder werkelte stets allein vor sich hin —, sondern weil man sonst vor Langeweile umgekommen wäre. Ein Zitat aus der Morgenzeitung wie „Der Trainer trägt keine Brille mehr" reichte meistens für eine mehrstündige

Unterhaltung, in deren Verlauf die großen Dinge des Lebens zur Sprache kamen: Fußball, Outfit, Frauen und Männer.

Von ihm als Aushilfskraft wurde nur gelegentlich ein Beitrag erwartet, und so schwieg er meist. Das war sein Beitrag.

Nur ganz selten wurde es in diesem Büro richtig still. Das war immer dann der Fall, wenn ein Mitglied des Teams etwas besonders Dämliches gesagt hatte. Zum Beispiel wenn sich der Kollege Klaus über den neuesten Hit des Comedians mit dem hängenden Augenlid vor Lachen ausschütten wollte. Dessen Titel „Die Nacht war scheiße" war für den Kollegen Klaus der Inbegriff hoher Kunst, ein Werk für die Ewigkeit. Die beiden anderen schwiegen dann betreten, und es bedurfte eines neuen Impulses, um das Gespräch danach wieder einigermaßen in Schwung zu bringen.

Bei einer anderen Gelegenheit brachte ein anderer Kollege einmal das Gespräch auf die junge Moderatorin der bekannten Quizshow, die sich nun laut Zeitung wohl doch scheiden lassen wolle. Ja, er bedauere den Mann, sagte der Kollege, das wäre schon hart. Die Kollegin am Nebentisch meinte, dass die Schuld wahrscheinlich doch bei ihrem Partner liege. „Ach was", sagte darauf Klaus ohne jeden Anflug von Humor, „man muss zeigen, wer Herr im Haus ist. Er hat es nur versäumt, sie regelmäßig zu verprügeln."

Es verschlug den anderen die Sprache. Der Kollege, der das Thema aufgebracht hatte und es sofort bereute, rang lange um Worte. Die Frau hingegen war völlig schockiert, vielleicht auch überwältigt von ihren eigenen Erinnerungen. Sie brachte keinen Laut heraus. Bei ihr dauerte es mehrere Tage, bis sie wieder mit Klaus sprach.

Noch Jahre nach Beendigung seines Studiums fielen ihm diese Episoden im Versicherungsbüro wieder ein. Er stand zunehmend unter dem Eindruck, dass sich vielleicht die ganze Weltgeschichte aus verschiedenen Schichten des Schweigens zusammensetzt. Jede neue Generation schweigt aus Unwissenheit oder aus Scham über bestimmte Dinge, die ihre Vorfahren betreffen. Und so entsteht über die Jahrhunderte ein riesiges Gebäude aus Ungesagtem und Verschwiegenem, das wie ein stetig wachsendes Hochhaus mit unzähligen Stockwerken neben der schäbigen, ebenerdigen Gartenlaube des tatsächlich Weitererzählten und Erinnerten aufragt und ihm allmählich die Sonne nimmt. Aber vielleicht galt das nur für die vordigitale Zeit, dachte er manchmal, in der ja bekanntlich nie etwas vergessen wird. Obwohl das abzuwarten bleibt.

Da nahm seine Bedrückung ihren Anfang.

In seinem beruflichen Leben begegnete er danach häufig anderen Arten des Schweigens. Wenn Vorgesetzte sprachen, schwieg man besser, solange man nicht gefragt wurde. Das schaffte keine Stille im Raum, aber sorgte doch für klare Verhältnisse. Eine Frage der Höflichkeit und der Vorsicht, die ihren Preis hat.

Anders schwieg man, wenn man versuchte, seine Gedanken zu sammeln und sich auf die Aufgabe zu konzentrieren, die vor einem lag. Das ging auch im Team, jedenfalls solange man einander vertraute. Das Teamschweigen war manchmal produktiv. Am Ende kam nicht selten mal der eine, mal der andere Kollege mit Lösungen um die Ecke, die man nicht erwartet hatte. In seinem Beruf war das wichtig, da war Kreativität gefragt. Manchmal war er erleichtert, dass Stille die Menschheit auch voranbringen kann.

Aber das richtige, das harte, aggressive Schweigen lernte er erst kennen, nachdem er sich mit der jungen Vibeke zusammengetan hatte. Seit sie bei ihm wohnte, konnte sie stundenlang, manchmal ganze Tage wortlos bleiben und so ihre Missbilligung ausdrücken — über eine missglückte Nacht, einen verpassten Termin, ein unbedachtes Wort oder eine versäumte Gelegenheit, ihr etwas zu schenken. Er litt sehr unter dieser Stille, der er sich hilflos ausgeliefert fühlte, weil ihm die Kraft fehlte, einen ersten Schritt zu machen. Vibeke war Herrin der Situation, ohne ein einziges Wort zu sagen. Stets war sie es, die entschied, wann es gut war.

Solange die Sache mit Vibeke lief, erlebte er nur selten die Art der Stille, die sich nach einer glücklichen Nacht einstellt, wenn man keine Worte braucht. Im Gegenteil, in diesen Jahren fiel ihm oft der Comedian mit dem hängenden Augenlid ein.

Bei anderen Gelegenheiten begann er selbst, freiwillig zu schweigen. Zwei Kollegen hatten ihm von einem Kloster vorgeschwärmt. „Erst wenn der Lärm verstummt ist, kommt die innere Stimme zu Gehör," meinte der eine. Und der andere ergänzte, dass man „in all der Hektik ja gar nicht mehr auf sich selbst achten könne." Deshalb sei eine Auszeit in diesem Kloster, ein „Schweige-Retreat" mit Meditationen, Atem- und Achtsamkeitsübungen und mit Waldbaden so wichtig. „Um die innere Balance wiederzufinden."

Er war bereit, diese neue Erfahrung auszuprobieren. Die Übungen in der alten Benediktinerabtei machten ihn anfangs nervös, denn er musste feststellen, wie schwierig Stille tatsächlich auszuhalten war. Nach einigen Tagen wurde es etwas besser. Der Neuanfang, den der Klosterprospekt versprochen hatte, begann in seinem Kopf Gestalt anzunehmen. Das „Aufladen des Akkus", auch das ein Formulierung aus dem kleinen Katalog der Einrichtung, schien zu funktionieren. Er beschloss, unmittelbar nach Rückkehr in den Alltag die Beziehung zu Vibeke abzubrechen und sich fortan gesünder zu ernähren.

Der Rückschlag ließ nicht lange auf sich warten. Sein Vater wurde mit sehr ernsten, vielleicht finalen Komplikationen in das Krankenhaus einer weit entfernten Kreisstadt eingeliefert. Um ihn zu besuchen, musste er jetzt häufiger eine mehrstündige Bahnfahrt unternehmen. Er empfand jedes Mal die Ruhe im Waggon mit der Ruhezone als durchaus wohltuend, wohl auch, weil er eine gewisse Angst vor dem Wiedersehen am Krankenbett hatte und sich große Sorgen machte. Gedankenverloren saß er in seinem Sitz, froh darüber, dass kein Telefongespräch oder das laute Gespräch zwischen Teenagern ihn beim Nachdenken störte.

Umso härter traf ihn die Stille in der Klinik. Sein Vater hatte bereits die Fähigkeit verloren, mit dem Sohn anders als durch das gelegentliche Heben der Augenbrauen und — an guten Tagen — kleine Gesten mit der Hand zu kommunizieren. Die Ruhe im Raum war gespenstisch, sie lastete schwer auf ihm, zumal er sich nicht sicher war, ob der Todkranke ihn überhaupt noch verstehen könne. So schwieg auch er und beobachtete lediglich das Blinken, das auf dem Kreislaufüberwachungsgerät neben dem Kopf des Bettes zu sehen war. Dann und wann musste er sich unwillkürlich räuspern, um von der Lautlosigkeit nicht erdrückt zu werden. Nach einer Stunde verließ er niedergeschlagen das Zimmer, um mit einem Arzt zu sprechen. Als er endlich einen gefunden und diesen um eine Prognose gebeten hatte, erhielt er als Antwort nur ein Schulterzucken und einen vielsagenden Blick.

In sich gekehrt machte er sich auf den langen Rückweg. Wenn er ehrlich sein wollte, dann hätte er sich jetzt, in der Bahn sitzend, doch ein bisschen mehr Ablenkung durch Mitreisende als nur die routinierten Durchsagen des Zugchefs gewünscht.

Nach einigen Tagen verflog seine gedrückte Stimmung ein wenig, als er sich in die Arbeit zu stürzen versuchte. Über den Tod seines Vaters, der wenig später eintrat, verlor er gegenüber den Kollegen kein Wort. Was hätte er auch sagen können. Dass er sich jetzt freier fühlte? Dass er sich grundsätzliche Fragen stellte über sein Verhältnis zu seinem Vater? Dass er in den letzten Jahren gar nicht mehr gewusst hatte, worüber er mit seinem Vater hätte sprechen sollen, so gründlich war ihr Leben auseinandergedriftet? Niemand hätte ihn verstanden. Für solche komplexe Privat-angelegenheiten war im Büro sowieso nicht genügend Zeit.

Da fühlte er das Hochhaus neben sich wachsen und wachsen.

Die folgenden Monate vergingen langsam. Um weiterzuleben, musste er sich neu finden, das spürte er. Ein weiterer Aufenthalt im Schweigekloster, zu dem er sich selbst nur mit einiger Mühe überreden konnte, brachte keine neuen Einsichten, sondern vertiefte nur seine Wortlosigkeit.

Über ein Portal lernte er dann Rosalie kennen. Er versprach sich viel von der neuen Beziehung, musste aber bald feststellen, dass er sich getäuscht hatte. „Warum sagst du nichts?", fragte ihn Rosalie ein ums andere Mal, „ich kann doch nicht deine Gedanken lesen…". Er wusste nicht einmal selbst, weshalb er außerstande war, sich mitzuteilen und ihr dadurch die Unsicherheit zu nehmen. Vielleicht war es einfach Langeweile. Vielleicht war Rosalie nur ein weiterer Fehler.

Er spürte jetzt, dass eine große Leere ihn innerlich verzehrte. Er wusste, dass dieses sein restliches Leben bestimmen sollte. Ihm fehlte jegliche Kraft, es war, als wäre eine Triebfeder gebrochen. Um sich herum konnte er nur noch Leblosigkeit verbreiten. Das Schweigen hatte gewonnen. Es war nur noch Stille im Raum.

Kalender-Geschichte

Meine Mutter war auf ihre Art eine bemerkenswerte Person. Ich liebte sie, und solange sie lebte, war ich ein Muttersöhnchen, man kann es nicht anders sagen. Sie las mir jeden Wunsch von den Augen ab, im Gegenzug wagte ich selbst bei ihren absonderlichsten Marotten nicht, ihr zu widersprechen. Manchmal nannte sie mich „Bubi" oder „s' Bubele". Manchmal, vor allem wenn sie etwas von mir wollte, benutzte sie dagegen meinen richtigen Vornamen, allerdings mit erheblichen Verballhornungen, also „Heinzele" oder voller Sarkasmus „mein Heinzelmännchen". Während meiner Schulzeit Freunde zu uns nach Hause einzuladen, war deshalb immer eine Gratwanderung. Zu groß war die Gefahr, dass sie meiner Mutter begegneten und so Zeuge ihrer merkwürdigen Neigung wurden, mich auch in Anwesenheit Dritter wie ein kleines Baby zu behandeln.

Meinte sie es gut mit mir? Ich vermute es manchmal noch heute. Da ein Vater in der Familie fehlte, gab es kein Korrektiv. Auf meine häufigen Fragen nach meinem Erzeuger hüllte sie sich stets in Schweigen oder gab bestenfalls ausweichende Antworten. Ihre ganze Zuneigung ergoss sich schrankenlos über ihr einziges Kind.

Natürlich konnte ich mich nie richtig gegen ihre Fürsorglichkeit wehren. Als Grundschulkind nimmt man mütterliche Liebe als eine unbefragte Konstante dieser Welt hin. Als Gymnasiast weicht man in allgemeine Empfindlichkeit und Verstocktheit aus. Als Student, der aus praktischen Gründen und wegen fehlender Alternativen weiter zu Hause wohnte, habe ich auf viele ihrer Fragen und Beschwerden dann gar nicht mehr geantwortet. Noch während der ersten Monate meines Berufslebens durfte ich täglich die Anwesenheit meiner Mutter in der gemeinsamen Wohnung genießen, ihre Stimmungsschwankungen, ihre neugierigen Fragen nach meinem Liebesleben (nichts, *nada*, *niente* war stets meine hingemurmelte Antwort), ihre Phantastereien über die aufsehenerregende Karriere, die mir garantiert bevorstehe. Aber ich profitierte ohne Nachdenken auch von ihrer Bereitschaft, meine Wäsche zu pflegen und für den Nachschub neuer Hemden zu sorgen. Geld war ja auch immer irgendwie da, obwohl ich lange Zeit keine Ahnung hatte, wie meine nicht berufstätige Mutter finanziell über die Runden kam.

Irgendwann – es muss kurz vor meinem Abitur gewesen sein – erzählte sie mir die Geschichte mit den Zahlungen, die jeden Monat auf ihrem Konto bei der Sparkasse eingingen und die unser beider Ausgaben deckten. Nachdem sie mir einen heiligen Eid zur Verschwiegenheit abgenommen hatte, gestand sie, dass der derzeitige Landesminister Erwin Paulsen mein Vater sei. Er habe sich nie öffentlich zu seinem unehelichen Sohn bekannt und deshalb dürften seine Unterhaltsleistungen auch nie publik werden, das müsse ich versprechen. Schriftliche Unterlagen, die etwas beweisen oder widerlegen könnten, gebe es sowieso nicht.

Das ist ja interessant, sagte ich, mein Vater der Minister Paulsen. Ob ich mich nicht mal in seinem Ministerium vorstellen sollte.

„Bloß nicht", erwiderte meine Mutter sofort mit schreckgeweiteten Augen. „Er wird alles abstreiten und dich rauswerfen. Dann gibt es auch kein Geld mehr."

„Ist er denn gar nicht neugierig, wie sein eigen Fleisch und Blut aussieht? Vielleicht habe ich ja Geschwister…"

Ich kam nicht mehr dazu, den Gedanken weiterzuverfolgen, denn meine Mutter wurde kreidebleich und begann zu hyperventilieren.

Ein, zwei Jahre später erzählte sie mir mehr. Als sie nach dem Tod ihrer Eltern im Juli 1982 hier nach Neumarkt zog, habe sie niemanden in der Stadt gekannt, und das habe sich auch die ersten Monate nicht geändert. Anfang 1983 sei ihr dann dieser schmucke Junge aufgefallen, der in einer der Nebenstraßen der Hauptstraße wohnte — an den Namen der Straße könne sie sich nicht mehr erinnern

— und morgens und abends häufig denselben Weg nahm wie sie. Ein Wort habe das andere gegeben, und Ende 1983 sei ich dann eben zur Welt gekommen. Erwin habe die Stadt verlassen und sich nie wieder bei ihr blicken lassen. Seine politische Karriere sei ihm sicher wichtiger gewesen, und wer sei sie, darüber zu richten. Aber das Geld sei regelmäßig gekommen. Als Landesminister verdient man ja auch richtig gut, sagte sie, wie um die kleine Beichte anzuschließen.

Was kann man als Jugendlicher mit einer solchen Geschichte anfangen? Nichts, sagte ich mir. Wann immer der Herr Paulsen im Fernsehen erschien, schaute ich fortan allerdings genauer hin. Falls meine Mutter bei diesen Gelegenheiten im Zimmer war, begann sie jedes Mal, verschämt zu lächeln, als wenn sie sich an etwas Angenehmes erinnerte. Aber ansonsten passierte nichts. Ich ließ einfach alles auf sich beruhen.

Aus heutiger Sicht würde ich sagen: aus Denkfaulheit. Der von meiner Mutter aufgespannte Kokon hatte mich eingelullt. Ihre Tagträumereien, ihre manchmal langanhaltende gedankliche Abwesenheit waren für mich schwer zu ertragen und verbrauchten die wenige Energie, die ich in Sachen Familie aufzubringen bereit war. Mehr Engagement war für mich einfach nicht drin.

Ich hatte nach dem Diplom gerade meine erste Stelle in einer Wirtschaftsprüfungsgesellschaft angetreten, als Jahre später nach kurzer Krankheit meine Mutter starb. Für mich war es ein schwerer Schlag. Ein Muttersöhnchen nimmt so etwas nicht so leicht hin.

Ihr Nachlass war sehr übersichtlich. Als Alleinerbe hatte ich Zugriff auf alles – Kontodaten, Papiere, Fotografien. Immobilienbesitz gab es in unserer Familie nicht, also waren die Formalitäten schnell abgewickelt.

Als erstes sichtete ich ihren Kleiderschrank, den ich seit Jahrzehnten in ihrem Zimmer stehen gesehen hatte, den ich jetzt aber zum ersten Mal öffnete. Mein Blick fiel auf zwei altmodische Fotoalben, wie man sie bis zur Erfindung digitaler Kameras benutzte. Meine Mutter hatte sie mir nie gezeigt. Als ich das erste öffnete, fielen einige Fotos lose heraus. Offenbar hatte sie sich nicht die Mühe gemacht, mehr als nur die vordersten Seiten zu bearbeiten und auch alle weiteren Aufnahmen in die dafür vorgesehenen Klebeecken zu stecken, mit kleinen Falzen zu befestigen oder zu beschriften.

Der junge Mann, der auf einigen der Fotos zu sehen war, konnte einem jungen Mädchen schon den Kopf verdrehen, war mein erster Gedanke. Auf den Rückseiten mehrerer Aufnahmen, die immer dieselbe Person zeigten, hatte meine Mutter handschriftlich vermerkt: „Oktober oder November 1982" und „Gottfried Mai 1983".

Meine Güte, sagte ich mir, davon hat sie mir nie erzählt. Gottfried. *Und* Erwin? Gleichzeitig? Oder irgendwie nacheinander? Oder doch eine Verwechslung? Waren ihr die Daten unbeabsichtigt durcheinandergeraten?

Die anderen Fotos waren eher nichtssagend, eine begnadete Fotografin war meine Mutter sowieso nie gewesen. Landschaftsaufnahmen aus dem Bayerischen Wald, wo sie wohl einmal Urlaub gemacht hatte. Oder Aufnahmen von unserem kleinen Marktplatz, und von Unbekannten vor dem großen Brunnen oder im Café. Auf den Rückseiten fanden sich keine schriftlichen Hinweise, weder auf Anlässe noch auf Objekte. Warum hatte sie das aufbewahrt? Warum gab es keine Fotos von ihrer eigenen Familie, ihren Eltern, die 1981 gestorben waren? Die Alben ließen mich ratlos zurück.

Bei den schriftlichen Unterlagen fanden sich zunächst sauber in Klarsichthüllen abgelegte Kopien ihrer und meiner Geburtsurkunden, Bestätigungen über zwei beim Roten Kreuz vor Jahren abgenommene Blutspenden, ihren Freischwimmerpass des DLRG und ihr Abiturzeugnis. In einem zweiten Stapel fand ich den Mietvertrag und Unterlagen der Stadtwerke und der Telekom. Das Bündel mit Steuerbescheiden sah ich mir genauer an. Interessant, dachte ich, die monatlichen Zahlungen meines Erzeugers schien sie verschwiegen zu haben.

Stattdessen bestanden ihre versteuerten Einkünfte ausschließlich aus Wertpapierbesitz. Merkwürdig. Auch davon hatte ich keine Ahnung.

Hinter den Steuerunterlagen war noch eine Rechnung aufbewahrt, die Rechnung ihres Umzugs nach Neumarkt. Als Datum der Leistung über den Transport von 16 m^3 Möbeln und Kartons über eine Distanz von 250 km war der 12. Oktober 1982 vermerkt.

Der Kalender in meinem Kopf versuchte das Datum einzusortieren, aber es gelang nicht. Wenn sie im Oktober umgezogen war, und nicht im Juli, wie sie immer erzählt hatte, dann kannte sie „Gottfried" bereits und war keineswegs mehrere Monate ohne Anschluss, bevor sie Erwin kennenlernte. Und im Mai des folgenden Jahres war ausweislich der Fotos weiterhin „Gottfried" das Ziel ihres erotischen Begehrens. Nicht Herr Paulsen.

Oder war etwas mit dem Kalender durcheinandergeraten? Hatte sich das Umzugs- unternehmen beim Schreiben der Rechnung geirrt? Und wie hieß „Gottfried", der so gar keine Ähnlichkeit mit dem Minister hatte, den ich häufig im Fernsehen gesehen hatte?

Meine Lage hatte etwas Paradoxes. Je mehr ich mich in die Geschichte meiner Mutter vertiefte, desto weniger wusste ich über sie. In der Rückschau stellte ich mir jetzt mehr und mehr Fragen. Manche ihrer

Äußerungen, an die ich mich lebhaft erinnern und die ich auch nach Jahren noch fast wörtlich wiedergeben konnte, kamen mir zunehmend künstlich vor, verschlüsselt, erfunden oder dem Augenblick und meinen naiven Fragen geschuldet. Was zum Beispiel hatte sie eigentlich gemeint, als sie immer wieder wortreich ihre angebliche monatelange Einsamkeit in Neumarkt beklagte? Wollte sie mein Mitleid? Wollte sie mich über meine eigene Partnerlosigkeit hinwegtrösten? Oder gab sie einfach nur wieder, was sie tränenreich in einer Frauenzeitschrift über die Einsamkeit großer Stars gelesen hatte?

Wen wollte sie täuschen? Mich? Sich selbst? Uns beide?

Wo sucht ein angehender Wirtschaftsprüfer Halt, wenn ihm der Kalender und die eigene Mutter nur noch Rätsel aufgeben? Im Internet. In Neumarkt lebten danach fünfzehn „Gottfrieds", die ein Telefon besaßen und dies auch öffentlich zugaben. Das schien wenig aussichtsreich, denn wer wusste schon, ob der Mann überhaupt noch in der Stadt oder irgendwo auf Erden lebte.

Bei Wikipedia tippte ich „Erwin Paulsen" ein. Natürlich gab es einen langen Eintrag und mehrere Fotos. Unter „Leben und Familie" fand ich, was ich suchte. Als Geburtsort war ein kleines Dorf etwa 10 km von Neumarkt entfernt angegeben. „Paulsen besuchte ein Gymnasium in Neumarkt", hieß es dann weiter, „das er 1977 mit einem Einserabitur abschloss. Danach nahm er in München (1977-1979) und Köln (1979-1981) das Studium der Rechtswissenschaft auf. Abschluss dort mit Promotion als Dr. jur. (*summa sum laude*). Unmittelbar darauf Übersiedlung nach Bonn und Arbeit als Assistent des Bundestagsabgeordneten Dr. Braun-Recklinghausen (CDU)."

In meiner Verwirrung schaute ich auf die Fotos, die den Eintrag begleiteten. Kein Zweifel, das war der Minister, den meine Mutter und ich so oft im Fernsehen gesehen hatten. Das war der Mann, den sie mir als meinen Vater präsentiert hatte.

Ich erinnerte mich an ihr Lächeln, wann immer – nach ihrer „Beichte" – zwischen uns der Name Paulsen gefallen war. Ich erinnerte mich, wie sie mit verklärtem Blick über ihre Affäre mit dem jungen Studenten „Erwin" nachsann, der ihr angeblich hier in Neumarkt die Eingliederung in die unbekannte Stadt leichter gemacht (und dabei einen Sohn gezeugt) hatte. Wie sie die Fernsehbilder mit dem Minister genoss, wie er beifallumtost beim Aschermittwochstreffen seiner Partei auftrat oder eine Ausstellung eröffnete.

Allerdings passten die Kalender einfach nicht. Ihr persönlicher und der offizielle, das waren zwei verschiedene Welten. Sie konnte Paulsen nicht hier in

Neumarkt getroffen, geschweige denn ihn hier auf dem täglichen Weg zur Arbeit gesehen haben.

Und welche Rolle spielte ich selbst in dieser Geschichte? Ich weiß es bis heute nicht. Ohne meine Geburtsurkunde wäre ich sogar bereit, daran zu zweifeln, dass meine Mutter meine tatsächliche Mutter war. Aber wenigstens das stand schwarz auf weiß, mit Stempel und Unterschrift, auf dem angegrauten Papier. Wenigstens war ich kein Findelkind. Angaben zum Vater fehlten.

Als ich danach die Sparkasse aufsuchte, mit dem Erbschein in der Hand, gab man mir bereitwillig Einblick in die Kontounterlagen meiner Mutter. Es überraschte mich nicht mehr, dass es gar keine regelmäßige Überweisung von irgendjemandem gab. Die Zinsen ihres Wertpapierbesitzes wurden ihr am Jahresanfang gutgeschrieben, das musste für zwölf Monate reichen. Die Bundessschatzbriefe kamen problemlos in meinen Besitz. Aber wer den kleinen Kapitalstock ursprünglich eingerichtet hatte, und warum, auch das konnte mir beim besten Willen keiner mehr sagen. Die Sparkassenmitarbeiterin konnte mir nach einigem Rumtippen auf ihrer Tastatur nur mitteilen, dass das Portfolio seit 1978 existierte. Also fünf Jahre, bevor ich auf die Welt kam.

Nichts war wahr. Alles war erfunden.

Ich hätte meiner Mutter böse sein müssen, aber nicht mal das gelang mir noch.

Nur ein paar Schritte

Es sind ja nur ein paar Schritte. Das Brandenburger Tor ist vielleicht hundert Meter entfernt, die Fernsehstudios zweihundertfünfzig, genau wie das nächste Starbucks. Der Lärm von Taxis, Bussen und Touristen ist zu hören.

Hier allerdings ist alles anders. Durch ein schmales Tor betritt man die kleine Lichtung am nordöstlichen Ende des Tiergartens. Eine Oase der Ruhe.

Ein Kaninchen verlässt ohne Zögern die schützende Hecke. Es weiß, auf der von Büschen gerahmten kleinen Wiese kann ihm nichts passieren. Der Rasen ist gepflegt. Die nach dem letzten Mähen nachgewachsenen Gräser stehen ordentlich da und wollen verzehrt werden. Das putzige Tier sucht sich sein Abendessen, es hoppelt zwischendurch einen Meter nach links, dann zurück, dann ohne erkennbaren Anlass weiter nach rechts.

Die Menschen, die um die Wasserfläche herumstehen, stören die Natur nicht. Ein junges Paar studiert schweigend die Schrifttafeln, die die Lichtung nach Süden hin begrenzen.

> *Sinti und Roma werden verschärft diskriminiert, zunehmend entrechtet und aus dem gesellschaftlichen Leben ausgeschlossen. Es erfolgen erste Einweisungen in Konzentrationslager und ab 1934 Zwangssterilisationen.*

Auf der Nordseite ist, über die Bäume hinweg, das massige, graue Gebäude des Reichstags zu erkennen. Die Worte „Dem deutschen Volke" sind von hier aus nicht zu sehen. Was das Kaninchen nicht weiß, und das junge Paar vermutlich auch nicht: Schon bevor die steinerne Inschrift 1916 angebracht wurde, hat sich das deutsche Parlament hier wiederholt mit der „Zigeunerfrage" befasst. Und mehr noch danach. Immer mit derselben Antwort. Das „Unwesen" zu bekämpfen, die „Plage zu beenden", den „Zigeunern das Handwerk zu legen." Aber das junge Paar liest schon die nächste Tafel.

> *Über 2.000 Sinti und Roma aus Deutschland und Österreich, darunter Kinder ab zwölf Jahren, werden bis 1939 nach Dachau, Buchenwald, Sachsenhausen, Ravensbrück, Mauthausen und in andere Konzentrationslager verschleppt.*

Durch das Tor kommen zwei Teenies mit ihren Fahrrädern. Sie sind neugierig, das ist gut. Aber es passt nicht zu diesem Ort. Die junge, uniformähnlich in Schwarz gekleidete Frau, hier als Sicherheitsdienst eingeteilt, geht schnell auf die beiden zu und fordert sie auf zu gehen. Oder zumindest ihre Fahrräder draußen abzustellen. Die beiden Kinder gehen und kommen nicht zurück. Die Frau von der Sicherheit geht vom Eingangstor wieder in den Schatten der Hecke zurück und nimmt ihr unterbrochenes Telefongespräch, das wegen der Hausordnung nur ganz leise geführt werden kann, wieder auf.

Das junge Paar schlendert zur nächsten Tafel. Als sie den Inhalt lesen, lassen sie einander los. Vielleicht macht die Inschrift eine körperliche Berührung jetzt unmöglich.

> *1938. Im Dezember ergeht ein grundlegender Erlass Himmlers, „die Regelung der Zigeunerfrage aus dem Wesen dieser Rasse heraus in Angriff zu nehmen", mit dem Ziel der „endgültigen Lösung der Zigeunerfrage".*

Das junge Paar macht keine Anstalten, sich wieder an den Händen zu halten.

Etwas entfernt, nahe der Wasserfläche, steht eine kleine Touristengruppe und betrachtet die in den

Boden eingelassenen Steine, die unterschiedlich groß und unsymmetrisch sind. Einige sind beschriftet. Was ist „Crveni Krst"? Was ist „Kertsch"? Die Touristen zucken mit der Schulter. Als sie an den Stein mit der Inschrift „Berlin Marzahn" kommen, fühlen sie sich ein wenig zuhause. Aber erst als sie beinahe auf den Stein „Auschwitz Birkenau" treten, geht ihnen ein Licht auf. Jetzt wissen sie, was die Steine bedeuten. Sie schrecken zusammen. Die fehlende Symmetrie der Steine hat jetzt etwas Bedrohliches.

Das junge Paar ist bei der nächsten Schrifttafel angelangt.

> *1941. In der besetzten Sowjetunion und in den anderen besetzten Gebieten Ost- und Südosteuropas beginnen systematische Massenerschießungen von Roma. So meldet eine „Einsatzgruppe der Sicherheitspolizei und des Sicherheitsdienstes der SS" von der Krim: „Zigeunerfrage bereinigt."*

Die Touristen an der Wasserfläche gehen jetzt schneller, sie fühlen sich beengt und unsicher. Als sie den Stein mit der Inschrift „Flossenbürg" erreichen, schauen sie sehnsüchtig nach dem Ausgang. Das muss jetzt reichen, denken sie. Genug für heute. In ihrem Hotel oder am Gendarmenmarkt wartet das Abendessen.

Durch das Tor kommen zwei kleine Ordensschwestern im Ornat. Sie gehen langsam, vielleicht wegen ihres Alters, vielleicht aus Pietät. Sie wenden sich rechts zu den Schrifttafeln um und lesen als erstes die Inschrift zum Jahr 1942.

> *Nach einer Besprechung mit Reichspropagandaminister Joseph Goebbels über die Auslieferung von Justizgefangenen an die SS protokolliert Reichsjustizminister Otto Georg Thierack, dass „Juden und Zigeuner schlechthin [...] vernichtet werden sollen. Der Gedanke der Vernichtung durch Arbeit sei der beste."*

In den Gesichtern der Schwestern spiegelt sich keine Regung. Sie schauen einander nicht an und wechseln kein Wort. Vielleicht haben sie schon zu viele menschliche Dramen, zu viel Elend gesehen. Vielleicht gibt ihnen ihre Religion Halt und Abstand.

Die Touristen am Wasser stehen jetzt nicht mehr als Gruppe zusammen, sondern haben sich in Einzelpersonen aufgelöst. Manche von ihnen wollen offenbar noch ein bisschen verweilen, die fast schon verwelkten Blumen in der Mitte des kleinen Sees betrachten und ihren Gedanken nachhängen. Andere wollen fort von diesem Ort, wollen den Abend unter den Linden beginnen, oder wo auch immer. Blicke wechseln hin und her. Eine Touristengruppe sollte schon zusammenbleiben, oder nicht, sonst gerät die Reiseplanung in Gefahr.

Es sind nur noch ein paar Schritte. Die Ordensschwestern erreichen die letzte Tafel etwa im selben Moment wie das junge Paar. Die Jungen — sie haben die besseren Augen — lassen dem Alter den Vortritt.

Die Anzahl der als „Zigeuner" verfolgten Menschen, die im nationalsozialistischen Herrschaftsbereich dem Völkermord zum Opfer fielen, wird sich wohl nie genau bestimmen lassen. Schätzungen reichen bis zu 500.000 ermordeten Männern, Frauen und Kinder.

Das junge Paar dreht sich von den Schrifttafeln fort und schaut nachdenklich, wortlos auf die Wasserfläche.

Die Ordensschwestern beginnen einen langsamen Rundgang, wobei sie — so hat man den Eindruck — sorgsam vermeiden, auf die beschrifteten Steine zu treten.

Die Touristengruppe verlässt nach und nach die Lichtung. Beim Hinausgehen flackern erste, halblaut geführte Gespräche auf.

Das Kaninchen hat sich in den Schutz der Büsche zurückgezogen.

Aus Richtung des Brandenburger Tores wehen heiser geschriene, durch eine schlechte Verstärkeranlage verzerrte Worte herüber. Dort drüben versucht sich eine kleine Demonstration Gehör zu verschaffen. Immer wieder ist *„No deportation!"* zu verstehen, der Rest nicht. Spruchbänder klären darüber auf, dass es um Libyen geht.

Es sind ja nur ein paar Schritte.

Spaghetti brechen

„Kannst du trockene Spaghetti in zwei Teile brechen?" fragte er lächelnd, um das Mittagspausengespräch in Gang zu bringen. "So, indem man es an den beiden Enden biegt?"

„Einen von diesen Dingern nennt man Spaghetto, nicht Spaghetti", erwiderte sie trocken. „Du hast in der Schule nicht aufgepasst, oder?"

„Ach, hör auf, ich habe die Schule vor zwanzig Jahren verlassen." Er nahm einen Schluck von seinem Rotwein. „Und ich habe Latein gelernt, nicht Italienisch. Du hast ein Talent dafür, mich an meine dunkelsten Stunden zu erinnern."

„Tut mir leid", sagte sie. „aber ich hasse es, wenn du Fehler machst." Sie stocherte sorgfältig mit der Gabel in ihrem Salat und trank zwischen den sparsamen Bissen etwas isländisches Mineralwasser. „Ein wenig Präzision hier und da kann nicht schaden, oder?" Noch ein Schluck.

„Präzision liegt im Auge des Betrachters", sagte er nach einer Weile. „Präzision wird überbewertet. Man muss abstrahieren, um überhaupt leben zu können."

„Wo hast du das denn gelernt, in der Schule?" Sie lächelte ein kühles Lächeln. „Das ist doch eine Ausrede der Faulen und Dummen, nicht wahr?" Ihre Augen waren immer noch auf den Salat gerichtet.

„Aus dem Alter hättest du eigentlich längst heraus sein müssen."

„Und du solltest dein ewiges ‚oder', dein gehässiges ‚nicht wahr' und das endlose ‚eigentlich' aufgeben. Es nervt mich. Es nervt eigentlich alle. Nur damit du es weißt." Er hatte aufgehört, sie anzusehen. Er begann, sich unwohl zu fühlen, weil er Ärger in sich aufsteigen spürte.

„Wenn das tatsächlich so wäre, würde ich es wissen", antwortete sie. „Bis jetzt hat mir noch niemand etwas derartiges gesagt." Sie drehte sich um, um die Aufmerksamkeit eines Kellners zu erregen und eine neue Miniflasche isländischen Wassers zu bestellen.

„Vielleicht sagt man dir auch nicht alles? Ist dir dieser Gedanke jemals durch dein auffallend effizientes Gehirn, durch deinen exquisiten Schädel geschossen?" Er hatte das Gefühl, dass der Streit hitzig wurde. Vielleicht sollte er mit dem Wein etwas kürzertreten.

„Danke für das Kompliment. Ich nehme es für bare Münze." Sie war ungerührt und lächelte dankbar, als der Kellner ihr eine neue Flasche hinstellte. „Wein ist sowieso nicht gut für dich."

Er darauf, hitziger noch als vorher: „Ich trinke so viel Wein, wie ich will. Es hilft mir, mit meinen Mitbürgern zusammenzuleben, die sonst ziemlich unerträglich wären." Und nach einer Sekunde fügte er hinzu: „Und mit den Mitbürgerinnen natürlich auch."

„Ich scheine herauszuhören, dass du andeuten willst, dass meine Gesellschaft für dich unerträglich ist", sagte sie ruhig. „Keine sehr erfreuliche Vorstellung, nicht wahr? Aber danke, dass du wenigstens politisch korrekt bist."

Er sah sie überrascht an und fragte sich, inwieweit sie sich über ihn lustig machte oder ob sie auf einen echten Streit aus war. Nach einer Weile sagte er: „Politisch korrekt ist mein zweiter Vorname. Sonst könnte man in unserem Beruf gar nicht überleben."

„Du meinst deinen Beruf", erwiderte sie schnell. „Es hat mich immer verwirrt. Du scheinst ohne intellektuelle Ehrlichkeit, ohne moralische Werte, ohne politische Maßstäbe auszukommen. Einfach, indem du Wörter zu Sätzen zusammenfügst und diese dann von anderen in Bilder übersetzen lässt. Irgendwelche Worte, irgendwelche Sätze." Sie öffnete die neue Wasserflasche. „Ohne Rücksicht auf die Folgen."

Jetzt war er neugierig. „Ich bin ein Mann ohne Konsequenzen, meinst du? ‚Der Mann ohne Eigenschaften' — hast du es gelesen?" Er war froh, dass sich jetzt ein Ausweg aus der verkorksten Gesprächssituation zu eröffnen schien, denn er war überzeugt, dass sie dieses Thema in ihrer Beziehung noch nie angesprochen hatten.

„Was ist das, ein Test?" erwiderte sie. „Musil hast du doch sicher nicht in der Schule gelesen, sonst würdest du heute nicht so reden, oder?" Sie war sichtlich verärgert. „Ich eigentlich tatsächlich auch nicht." Sie aß etwas von ihrem Salat.

Er konzentrierte sich auf sein *Chili con Carne*. Eine Minute verging schweigend. Dann sagte er, jetzt sanfter: „Warum sollte ich dich testen?"

„Vielleicht brauchst du es, um deine Umgebung vertragen zu können", bot sie an. „Vielleicht ist es deine Art, mit anderen in Beziehung zu treten. Um sie zu testen. Um zu sehen, was man aus ihnen herausholen kann. Für dich selbst. Kostenlos."

Er war wieder ruhig. Er beendete sein Gericht und nahm einen großen Schluck von seinem Wein. Nachdem er nach der Rechnung gefragt hatte, sagte er: „Du wirst sowieso kein trockenes Spaghetto entzweibrechen können, wenn du den Trick nicht kennst."

Wie in der Schule betonte er das neu erlernte italienische Wort.

Sie lächelte. "Und der Trick ist was?"

„Der Trick besteht darin, das Spaghetto zu drehen, bevor man Druck darauf ausübt, sonst zerbricht es in viele Stücke. Es scheint nur mit bestimmten Spaghetti zu funktionieren. Eine Frage der Materialeigenschaften."

Er schien wirklich erleichtert zu sein, dass das Gespräch eine andere Wendung genommen hatte. Dann setzte er fast fröhlich hinzu: „Und es funktioniert anscheinend nicht mit allen Spaghettisorten. Auch nicht mit einer Linguine."

Ihr Gesicht erstarrte, ihre Schultern sackten herunter und sie schaute betreten zu den Nebentischen hinüber. Dann sagte sie leise: „Es heißt: eine Linguina, zwei Linguine, nicht wahr?"

Der Kellner kam und brachte die Rechnung.

Poetry Slam

Die Wespe in meinem Glas
erinnert mich an das
was ich neulich erst las
über Hochmut und Caritas
gegenüber der Natur.

Noch strampelt die Wespe im Bier
während vorne die vier
Poeten, in den Händen Papier,
sich mühen bei diesem Turnier
als ging's um ihr Abitur.

In Wahrheit geht's um die Ehre
als definitiv erster die Schwere
der Worte, der grammatischen Lehre
zu meistern, um keinesfalls leere
Stellen zu lassen in der Slam-Literatur.

Auf der Bühne wird's schneller
die Wortwahl noch informeller
die Metaphern jetzt greller
die Moral bald im Keller
aber noch ist nichts Makulatur.

Nachdem die Poeten sich quälen
müssen wir erst noch zählen
uns gegen Zweifel kalt stählen
um durch Applaus zu erwählen
die Gewinn-Kandidatur.

Da ist er, der Beste
der gegen scheue Proteste
einiger unerschrockener Gäste
keck und handfeste
noch einmal hochtreibt die Saaltemperatur.

Die Wespe gibt unterdes auf
ihr Tod nimmt jetzt schnell seinen Lauf
sie stirbt, der Poet jubelt frischauf
und während sie geht, denkt er an den Kauf
einer neuen Funktastatur.

Der Steuerprüfer

„Kannst du mich mal schnell zu den Milestones updaten?", sagt Lukas Meier gerade zu seiner Sekretärin, als sein Telefon klingelt. Meier, 40, immer braungebrannt und immer tippitoppi gekleidet, ist Gesellschafter und Vorstandsvorsitzender der MeierCard AG. Die Firma ist der Elefant in jedem Raum, in dem über Geld gesprochen wird.

Am Apparat ist die Dame am Empfang, um dem Chef mitzuteilen, dass ein Mann das Gebäude betreten hat.

„Fuck, fuck, fuck" murmelt Meier wenig elegant vor sich hin, „wir waren gerade so im Flow. Und jetzt kommt dieser Steuerfritze. Ziemliche Challenge." Zur Sekretärin sagt er: „Hol Carla an den Apparat."

Carla, ihres Zeichens Chief Financial Officer von MeierCard, hat ihr Büro zwei Stockwerke tiefer. Sie ist mit Steuerfragen —mehr noch allerdings mit Steuervermeidungsfragen — einigermaßen vertraut. Jetzt hört sie sich Meiers kleines Briefing an, verriegelt schnell ihren Computer und verlässt ihren Schreibtisch, um den unwillkommenen, aber vor einigen Tagen bereits behördenseitig angekündigten und deshalb nicht abwimmelbaren Besucher möglichst weit unten abzufangen. Die MeierCard AG kann übermäßige Transparenz nicht gebrauchen, das weiß sie besser als viele andere hier im Haus. Gerade jetzt nicht, wo es im Cashflow hakt. Zu viele Liabilities. Zu viele Zahlen, die nicht so recht belastbar sind.

Sie tritt aus dem Fahrstuhl und sieht den jungen Mann, der am Empfang steht. Sie geht auf ihn zu, und beide stellen ein wenig befangen einander vor.

„Alexander Schless mein Name", sagt der Besucher, „eigentlich wollte ich den Herrn Meier sehen."

Carla setzt ihre freundlichste Miene auf, löst einen Knopf an ihrem Jäckchen und erklärt, dass Herr Meier leider, leider im Moment sehr beschäftigt sei. Aber sie als CFO der MeierCard AG könne bestimmt bei allen Steuerfragen weiterhelfen. Ob man nicht erst einmal einen Kaffee oben in der Vorstandslounge nehmen sollte. Schless stimmt zu, wobei ihm eine gewisse Verblüffung anzusehen ist. Naja, das könne man wohl machen, sagt er.

Alexander Schless hat gerade seinen Job bei dem kleinen Lieferdienst verloren. Von Steuerdingen versteht er absolut nichts. Er hat gedacht, dass er wenigstens etwas von Aktien verstünde. Aber nachdem die Anteilscheine der MeierCard AG, deren Kauf er sich seinerzeit praktisch vom Munde abgespart hat, in der letzten Woche so an Wert verloren haben, ist er sich nicht mehr so sicher. Jetzt ist er eher sauer und will vom AG-Chef persönlich wissen, wieso sich sein kleines Portfolio praktisch in Nichts aufgelöst hat.

Auf dem Weg in den zwölften Stock fragt sich Carla kurz, wieso der angekündigte Steuerprüfer allein ist. In der Lounge angekommen konzentriert sie sich aber schnell auf die Aufgabe. Bei einem Latte macchiato berichtet sie Herrn Schless von der derzeitig schwierigen Lage auf den Finanzmärkten. „Die Firma überwacht die Liquiditätsflüsse laufend durch Quality Gates, auch in den outgesourcten Units, das ist uns superwichtig", sagt sie, „das gehört zu unserer Corporate Culture."

Schless wirkt unschlüssig und nimmt einen Schluck von seinem Latte. Er versteht nichts, aber beschließt, vorläufig das vornehme Ambiente mit den schall-schluckenden dicken Teppichen zu genießen.

Jetzt kommt Carla auf Steuerfragen zu sprechen. „Unser Counterpart im Finanzamt Mitte ist uns eine echte Hilfe", sagt sie, „auch wenn wir neue Projekte aufgleisen, selbst out of the box, können wir immer mit ihm sprechen." Was sie nicht sagt, ist, dass dabei manch diskrete Überweisung der MeierCard AG auf ein Konto auf der Isle of Man eine nicht unwichtige Rolle spielt.

Ob ein solcher Approach auch hier helfen würde, fragt sie sich.

Schless spürt zwar in seinem Inneren noch die ursprüngliche Bitterkeit über die verlorenen Tausender, stellt sich aber jetzt ganz neue Fragen: was hat er mit Steuern zu tun? Er will Geld für einen Sommerurlaub.

Carla ist jetzt bei der Schilderung der skalierbaren Synergieeffekte, die die Firma mit den Partnern in Südostasien erzielen wird. Dort seien die Steuersysteme ja völlig anders und mit den hiesigen nicht vergleichbar, sagt sie, wie Herr Schless sicher wisse. Da müsse manches abgeglichen werden, und das brauche seine Zeit. Aber in der Wirtschaftsprüfungsgesellschaft der MeierCard AG säßen nur High Potentials, dafür könne sie sich verbürgen. Ob Herr Schless nicht noch eine Madeleine wolle, die würden für die Firma jeden Tag extra direkt aus Frankreich geholt – die könne MeierCard gern auch für die Kantine der Steuerprüfungsabteilung bereitstellen, no problem. Sie vermeidet das Wort „spenden", weil das eventuell steuerliche Bedeutung hätte. Erst muss sie testen, wie der junge Mann vor ihr auf ihre Signale reagiert.

Schless reagiert nicht, und das ist für Carla ein gutes Zeichen.

„Wir können uns für die gute Zusammenarbeit auch anderweitig erkenntlich zeigen", sagt sie und schaut Schless direkt in die Augen, „da müssen Sie sich nur räuspern. Darf ich Sie Alexander nennen?"

Schless freut sich, bejaht die Frage und überlegt, was jetzt zu tun ist. Dann sagt er: „Die Kaffeekasse ist ja immer der erste Gedanke, der einem so in den Sinn kommt…"

Carla kann ihr Glück kaum fassen. Alles easy, denkt sie, ein echter No-Brainer. Zu ihrem Gegenüber sagt sie: „Das besorge ich gleich. In der Zwischenzeit sprechen Sie vielleicht mit meinem Kollegen, Sascha Klein, der will bestimmt ein Wort mit Ihnen wechseln." Sie spricht in ihr Telefon und verabschiedet sich dann fröhlich und „nur für zwei Minuten".

Sascha Klein ist Anteilseigner und Compliance Officer der MeierCard AG, was er aber bei seiner Vorstellung verschweigt. Den Besucher begrüßt er mit einem markigen Handschlag, dann schildert er, seinen taubenblauen Maßanzug mehrfach zurechtrückend, die aktuellen Anstrengungen der Firma im Bereich Quality Management und Benchmarking. „Wow, denken Sie jetzt wahrscheinlich, Herr Schless, soviel Transparenz gibt es in Steuerdingen selten. Und da sind Sie natürlich spot-on."

Alexander Schless denkt gerade etwas anderes, nämlich wie er am schnellsten an sein verlorenes Geld kommt. Nach ein paar Sekunden sagt er unvermittelt: „Wäre es möglich, bei Ihnen einen Kredit zu erhalten?"

Klein stutzt eine Millisekunde, aber nicht länger. Dann strahlt er, stellt noch einmal schnell fest, dass sie in der Lounge allein sind, und sagt dann: „Aber natürlich, Finanzen sind doch unsere Kernkompetenz! Das machen wir gleich hier alles roger. Über welchen Betrag reden wir?"

In Schless' Kopf geht es jetzt gewaltig durcheinander. Er stellt überschlägig die Positionen zusammen, die ihm in der Eile für seinen Sommerurlaub einfallen: Flug, Hotel, neue Koffer, Badekleidung. Vielleicht muss es ja auch nicht unbedingt Mallorca sein, vielleicht wäre Thailand drin? Oder sogar die Karibik? „Dreitausend", sagt er zu Klein.

„Geht klar", sagt der Compliance Officer sofort und greift schon zu seinem Telefon, „aber wenn ich mir eine Bemerkung erlauben darf: bei uns fangen die Kredite bei fünf Riesen an, sonst ist der Overhead zu aufwändig. Ich schlage zehn vor, dann haben Sie mehr Spielraum." Während er die Beine mehrfach über- und wieder auseinanderschlägt, gibt er leise Anweisungen in sein winzig kleines Handy. Als er die Verbindung trennt, sagt er: „Jetzt haben wir auch einen Slot beim großen Chief! Kommen Sie mit, Herr Schless. Der Umschlag wird währenddessen vorbereitet."

Als sie aufstehen, verschüttet Schless vor Aufregung ein wenig von seinem kaltgewordenen Latte macchiato, aber das interessiert hier niemanden. Klein hakt ihn unter und beide betreten den Vorstandsaufzug, der sie weiter nach oben in den letzten Stock bringt.

Lukas Meier steht schon an der gepolsterten Tür zu seinem Büro, als Klein und Schless das Vorzimmer betreten. „Ein solcher Glanz in unserer Hütte", tönt der Vorstandsvorsitzende jovial und strahlt, „kennen Sie das von Benjamin Franklin? ,Nichts in dieser Welt ist sicher, außer dem Tod und den Steuern'." Er lacht aus vollem Hals und begrüßt Schless mit einer angedeuteten Umarmung und einem kräftigen Schlag auf den Rücken. Klein wird mit einem Wink entlassen.

Schless wird langsam schwindlig, vielleicht vom Hieb auf sein Rückgrat, vielleicht von der Aussicht auf Geld. Während er von Meier ins Büro geführt wird, schaut er auf seine Schuhe und bemerkt, dass er sie lange nicht geputzt hat. Aber zum Schämen hat er keine Zeit, denn der Vorstandsvorsitzende hat bereits angefangen, seine Unternehmensstrategie vor ihm auszubreiten. „Downsizing — never, never ever. Wir wollen als Firma aus dem Silo-Denken ausbrechen, neue Challenges meistern. Change management hilft uns gerade, an die Weltspitze zu kommen. Top of the tops. Natürlich kostet das enorme Ressourcen, das verstehen Sie doch, Schless. Hier und da gibt es Bottlenecks, das räume ich gern ein. Und wenn es da zu Probleme mit Ihrem Hause kommt" — Meier vermeidet bewusst das Wort Finanzamt — „dann haben wir das in der Vergangenheit doch immer zur beiderseitigen Befriedigung ausräumen können! Win-win-Situationen, immer!"

Schless findet, dass der Sessel, in dem er gerade sitzt, zu den bequemsten gehört, die er je ausprobiert hat. Eigentlich will er gar nicht mehr aufstehen, aber ihm dämmert, dass er sein Blatt lieber nicht überreizen sollte. Also sagt er beherzt: „Herr Meier, ich hätte da, bevor wir ans Werk gehen, eine Frage. Wäre es möglich, dass sich Ihre Firma… Wie soll ich sagen… karitativ betätigt? Ich bin sehr in der Stadtteilarbeit engagiert. Wir hätten da ein Spielplatz-Projekt. Wenn da der Name der MeierCard AG dranstünde, das wäre doch auch in Ihrem Interesse, oder?" Und dann erfindet Schless schnell ein paar Details: Spielgeräte, einen Springbrunnen mit Bademöglichkeit, einen Kiosk, das Gehalt für Aufsichtspersonal, einen großen Zaun drumherum.

Meier zögert vor Erleichterung keine Sekunde, greift zum Telefon und gibt Anweisungen. „Geht das in cash?", fragt er Schless zwischendurch. „Aber dann brauchen wir gelegentlich eine Spendenquittung für fünfzigtausend."

Nach einigen Minuten erhebt sich Meier und macht unmissverständlich klar, dass die Unterredung beendet ist. Er überreicht Schless den Umschlag, den die Sekretärin hereingebracht hat, verabschiedet sich mit den Worten „Frohes Schaffen!" und „Nicht vergessen: Win-Win-Situationen! Immer!", und dann schließt sich hinter Schless die Tür zum Büro des allerobersten Entscheidungsträgers der MeierCard AG.

Im Vorzimmer steht Sascha Klein, mit einem Umschlag in der Hand. „Unsere Kernkompetenz, nicht vergessen, Herr Schless. Über die Steuern können wir jederzeit reden, aber wir müssen auch auf der zwischenmenschlichen Ebene harmonieren, nicht wahr." Der Umschlag wechselt seinen Besitzer, und schon ist Schless auf dem Weg zum Fahrstuhl, der ihn sanft und geräuschlos hinunter zur Lobby im Erdgeschoss bringt.

Als sich unten angekommen die Lifttüren hinter ihm schließen, bemerkt Schless die attraktive Finanzchefin, die am Empfangstresen auf ihn wartet. „Alexander!", strahlt sie ihn an und drückt ihm einen Umschlag in die Hand, „für die Kaffeekasse! Und wenn Sie heute Nachmittag mit ihrem Prüfteam kommen, melden Sie sich gleich als allererstes bei mir! Wir werden viel Zeit angenehm miteinander verbringen! Mit Steuerfragen natürlich auch… Aber es gibt ja keine Deadlines, oder?"

Als sich Schless kurzentschlossen zum Ausgang wendet, sieht er, wie sich eine Gruppe von Männern mit verschlossenen Gesichtern und Aktentaschen in der Hand durch die Drehtür drängt. Sie tragen graue und dunkelgrüne Anzüge, und sehen — so fährt es

Schless durch den Kopf — eigentlich genau so aus, wie er sich Beamte immer vorgestellt hat.

Viel Spaß, sagt er sich im Stillen, da wartet einiges auf euch.

Kaffeeriecher

Als Ausländer in Berlin zu leben ist relativ einfach. Das gesellschaftliche Klima der Stadt ist Fremden gegenüber recht aufgeschlossen, viele Menschen sprechen Englisch, das Leben ist im Vergleich zu London oder Toronto günstig und mit Glück findet man sogar eine Unterkunft. Es stimmt allerdings, dass viele Zugereiste ein gewisses Stammesverhalten zeigen; Russen wohnen bei Russen, Polen bei Polen und so weiter, so dass es nicht immer einfach ist, mit jemandem aus einem anderen Stamm ins Gespräch zu kommen.

Reden und Schreiben ist mein Geschäft. Ich bin Freiberufler mit kanadischem Pass und schreibe hauptsächlich für den *Calgary Herald* und die *Vancouver Sun*, gelegentlich auch für den *Prince George Citizen*. Als Zeitungsschreiber ist es meine Aufgabe, die deutsche Psyche zu entschlüsseln, was nicht immer einfach ist, denn die Deutschen sind ein lustiger Haufen. Sie haben einen königlichen Palast wiederaufgebaut, ohne die Absicht, jemals einen König darin wohnen zu lassen. Sie verehren ein Gericht namens Currywurst, was eine Wurst ist, die kein Curry enthält – das Curry ist drumherum. Kürzlich haben sie einen neuen Großbuchstaben in das Alphabet eingeführt, der wie ein großes B aussieht, aber keines ist; es ist in Wahrheit eine Kombination aus einem S und einem Z, vermutlich um Ausländern das Leben zu erschweren. Im Gegensatz zum kombinierten kleinen s und z kann keine Tastatur auf der ganzen Welt den Großbuchstaben auf den Bildschirm bringen. Aber Prinzip ist Prinzip. Nicht einmal die Schweizer Nachbarn folgen den Deutschen auf diesem Weg.

Das sind exakt die Geschichten, die die Viehzüchter in Alberta und die Versicherungsmakler in British Columbia gern lesen. Es bestärkt sie in ihrer Ansicht, dass die Europäer im Allgemeinen recht seltsam sind, noch seltsamer als ihr eigener großer Nachbar, der südlich der Grenze lebt.

Östlich von meinem kleinen Büro in Berlin liegt meine Lieblingskaffeebar. Die Ecke Chausseestraße/Invalidenstraße ist eine belebte Kreuzung mit einer U-Bahnstation und vielen Ampeln, die es den Deutschen ermöglichen, auf grünes Licht zu warten, auch wenn kein Auto in Sicht ist. Die Bar nennt sich "Café Zola", aus Gründen, die mir noch niemand erklären konnte.

Als ich an diesem Morgen den Laden betrat, fiel sie mir nicht sofort auf, weil sie vergleichsweise klein ist. Ich bestellte, bezahlte und ging um die Theke herum, dorthin, wo man die Bestellung abholt. Während ich wartete, sagte ich zu ihrem Rücken: „Ich rieche Kaffee!" Vielleicht nicht die kreativste

Gesprächseröffnung, aber es war ja relativ früh am Tag.

„Vielleicht weil det eene Kaffeemaschine is'?" Ihr Deutsch hatte einen kleinen Berliner Akzent.

„Ach ja, das könnte es sein," entgegnete ich. Und das war unsere erste Begegnung. Der Kaffee aber war gut.

Als ich ein paar Tage später wieder in den Laden kam, sagte sie: „Der Kaffeeriecher ist wieder da? Kontrollieren Se' uns, oder was?" Berliner haben diese Tendenz, etwas schroff bis aggressiv zu sein. Mit ein wenig Wohlwollen konnte man das Lächeln der jungen Frau als Widerspruch zu ihrer verbalen Botschaft interpretieren, aber ich sagte mir, dass ich vielleicht etwas in ihren Gesichtsausdruck hineinlas, was nicht da war.

„Weißt du was", sagte sie, nachdem sie mir meine große Tasse überreicht hatte, „es gab einmal den richtigen Beruf der Kaffeeriecher. Im 18. Jahrhundert. Damals war Kaffee in Berlin sehr beliebt, besonders bei den Bessergestellten. Aber teuer."

Eine Gruppe spanischer Touristen betrat den Laden. Sie debattierten lautstark, wie sie die deutsche Speisekarte an der Wand interpretieren sollten. Meine Neugier musste warten. Ich blieb einfach an der Bar stehen. Was wahrscheinlich gegen die Regeln des Café Zola verstieß.

Als die Gruppe bedient war, nahm sie den Faden wieder auf und sagte: „Friedrich II., der Große, König von Preußen. Schon von ihm gehört?"

Ich nickte und antwortete, vielleicht mit leichtem Stolz in der Stimme:

„Ich habe sein Schloss in Potsdam gesehen. Ich habe sogar darüber geschrieben. Über ihn und Voltaire." Die Kaffeemaschine machte ein Geräusch, als wollte sie mich warnen, dass ich gerade dabei war, mit meinem profunden historischen Wissen anzugeben.

Unbeeindruckt fuhr sie fort:

„Kaffee war teuer, weil Friedrich der Große die geniale Idee hatte, Kaffee mit einer hohen Zollstrafe zu belegen. Um seine Kriege zu finanzieren." Sie sprach, als wüsste sie mehr davon, was nicht genau das war, was man von einer jungen – und ich muss jetzt zugeben: sehr charmanten – Bedienung in einer Kaffeebar erwarten würde. „Die logische Konsequenz war natürlich", sagte sie, „dass Menschen ungerösteten Kaffee nach Berlin schmuggelten."

Sie wurde von einem jungen Hipster unterbrochen, der einen *Café Latte Macchiato* verlangte. Als der Typ sich ins Hinterzimmer verzogen hatte, wo die bequemen Stühle und die Bücher stehen, setzte sie hinzu:

„Also war der erste Schritt, den Handel mit Kaffee und das Rösten an bestimmten Orten zu monopolisieren. Und da kamen die Kaffeeriecher ins Spiel. Ihre Aufgabe war es, bei den Leuten zu Hause herumzuschnüffeln, ob sie illegal Kaffee in ihrer Küche geröstet hatten. Vermutlich keine so beliebte Rolle."

Ich sah die junge Frau nur an, vergaß meinen Cappuccino und wartete darauf, dass die unerwartete Geschichte weiterging. Ich begann mich zu fragen, wie ich diese Story meinen Lesern im Westen präsentieren könnte. Vielleicht kann man die Kaffeeriecher mit den Hunden der *Mounties* vergleichen, die am Flughafen von Vancouver nach Drogen schnüffeln. Auf der Beliebtheitsskala war der Vergleich ungefähr richtig.

„Aber populär oder nicht, das war damals kein Problem," fuhr sie fort. „Friedrichs clevere Idee war es, Menschen einzustellen, die keine andere Perspektive im Leben hatten. Das waren in diesem Fall die Veteranen des Siebenjährigen Krieges. Schon davon gehört?" Sie sah mich an, aber mein Gesicht muss meine totale Unwissenheit verraten haben. „Woher kommst du? Irgendwo, wo man zur Schule gehen kann?"

Nun, das war wirklich eine Provokation, besonders von so einer netten Person. Was jedoch nichts daran änderte, dass ich sehr wenig über den Siebenjährigen Krieg gehört hatte. Um meine Verlegenheit zu lindern, bat ich sie zu warten und bestellte einen kleinen Schokoladenkuchen.

Als ich von der Kasse zurück zur Kaffeebar kam, lächelte sie mich wieder an und sagte:

„Du bist nicht aus Europa, oder? Dabei war der Siebenjährige Krieg im 18. Jahrhundert eine Art erster Weltkrieg. Alle großen Mächte der damaligen Zeit waren beteiligt. Friedrich ging als großer Gewinner und brillanter Stratege daraus hervor. Aber am Ende war Preußen am Boden zerstört. Die Kriegsveteranen hatten keinerlei Beschäftigung. Da hat der große Friedrich sie als Kaffeeriecher eingesetzt." Sie kicherte, vielleicht aus Bewunderung für das kluge politische Manöver.

Cappuccino weg, Schokoladenkuchen gegessen, ich hatte im Prinzip keinen Vorwand mehr, um hier zu bleiben und mich von dieser unterhaltsamen Barista und ihrer Geschichte faszinieren zu lassen. Aber als Mitglied der internationalen Presse muss man einfach alle Tricks anwenden, um die Wahrheit ans Tageslicht zu befördern. Hier wartete mit Sicherheit eine Story auf die Welt.

„Ich hab' diesen Lehrerton drauf, sorry," sagte sie unvermittelt. Ihr Bedauern mochte echt sein, aber ich war mir sicher, dass sie die kleine Pause in ihrer Routine zu genießen begann. Und dass sie in mir ein dankbares Publikum sah. „Weil ich ausgebildete Historikerin bin."

Oh. *Wow.*

„Und das Ende der Geschichte", setzte sie ihren Gedanken fort, „das Ende der Geschichte war, dass die Kaffeeriecher total unbeliebt wurden, noch unbeliebter als die Perücken-Schnüffler, und das wollte schon etwas heißen." Sie lächelte wieder. Ich hatte noch nie von Perücken-Schnüfflern gehört, meines Wissens gibt es sie in Westkanada nicht. Sogar das Wort war seltsam, ich nahm an, dass sie Haarfetischisten meinte.

Dann sagte sie:

„Also wurde nach Friedrichs Tod das Kaffeemonopol bald beendet. Und die Kaffeeriecher wurden entlassen. Der nächste Krieg war nur noch wenige Jahre entfernt. Im Gegensatz zu Historikern sind Soldaten wahrscheinlich nie sehr lange arbeitslos."

Unsere Unterhaltung wurde ständig durch das Getöse der Kaffeebar unterbrochen, aber irgendwie störte uns die Geräuschkulisse nicht. Ich hatte bisher nicht viel gesagt, eigentlich gar nichts, und jetzt war ich ratlos, wie ich die Diskussion auf ein Feld lenken sollte, auf dem ich selbst einen sinnvollen Beitrag leisten konnte.

Also lud ich sie zum Essen ein. Im Lehrbuch des Journalismus wird dies nicht als Standardverfahren beschrieben, ja eigentlich nirgendwo erwähnt. Aber Kreativität gehört zum Leitbild der Medien.

Zu meiner großen Überraschung stimmte sie zu.

Wir trafen uns in einem Restaurant in Charlottenburg, näher bei ihrem Wohnort. Und in Friedrichshain, ganz in der Nähe meines Wohnortes. Friedrichshain war natürlich besser geeignet, um unsere kleine Geschichte fortzusetzen, da es seinen Namen indirekt von Friedrich dem Großen erhielt. Pankow, wo wir uns auch getroffen haben, hat nichts mit der Geschichte der Kaffeeriecher zu tun. Aber das Restaurant dort war schöner als die anderen, und alles, was danach folgte, auch. Die Story selbst habe ich übrigens nie veröffentlicht.

Du weißt es vielleicht nicht, aber der Geruch von Kaffee ist nachhaltig, besonders wenn man regelmäßig in der Nähe des Röst- und Brühvorgangs arbeitet. Er lässt sich nicht leicht wegwaschen, selbst wenn man es versucht. Was sie nicht tat, zumindest nicht systematisch.

Was wiederum erklärt, warum ich das Kaffeearoma in ihrem Haar und auf ihrer Haut riechen kann, wenn sie neben mir liegt. Sehr angenehm, muss ich sagen.

Vielleicht werde ich eines Tages vorschlagen, einen neuen Buchstaben des Alphabets zu erfinden, ein vereinigtes K und R, für Kaffeeriechen. Vielleicht wären die Deutschen für einen solchen Vorschlag sogar zu haben.

Sag mal, Digga

Sag mal, Digga,
hast du Zeit,
um heut mal
den Kiez zu durchkreuzen?

Sag mal, Digga,
hast du die Knete,
um ohne Sorgen
drüben den Laden zu leeren?

Sag mal, Digga,
bist du bereit,
uns ganz easy
einen Kaffee zu spendieren?

Sag mal, Digga,
traust du dich,
mir ohne zu zögern
die Wahrheit zu sagen?

Sag mal, Digga,
hast du Lust,
mich ohne Bedenken
in den Himmel zu heben?

Geburtstag vergessen!

„Du hast Geburtstag?", fragte die Großmutter erstaunt am Telefon. Sie hatte Florians großes Fest ganz vergessen. „Und du wirst wirklich schon sechs? Du meine Güte, wie die Zeit vergeht!" Sie machte ungläubig „tz, tz" und seufzte. „Wie kann man nur so vergesslich sein! Ich bin eben eine alte Schachtel."

Florian verzog das Gesicht. Sein Geburtstag war doch ein ganz großer Tag! Wie konnte Oma das vergessen! Nun, sie war nicht mehr die jüngste, auf jeden Fall älter als Mama und Papa, das wusste Florian. Er konnte noch nicht genau sagen, um wie viele Jahre älter, denn erst im Herbst sollte er in die Schule kommen, dann würde er rechnen lernen. Bis sechs konnte er natürlich schon lange zählen, das war ja fast das Wichtigste auf der Welt. Und schon bis zwanzig oder dreißig, wenn es drauf ankam. Aber darüber hinaus, das war manchmal etwas schwieriger.

War die Großmutter schon hundert Jahre alt? War ja auch egal, dachte Florian. Sie war nett, darauf kam es an. Und alte Leute erinnern sich manchmal nicht mehr an alles, das hatte Papa gerade erst neulich am Abendbrottisch wieder gesagt. Und dabei hatte er gelacht, so als wäre es nicht besonders schlimm.

„Oma, das macht doch nichts", sagte Florian großzügig, „Hauptsache, dass du bald wieder zu Besuch kommst." Und dann beendeten sie das Gespräch.

∅

Am Nachmittag kamen die Freunde Peter, Max und Klaus, um Florians Geburtstag zu feiern. Max hatte seine kleine Schwester Anja mitgebracht, aber das war zu verschmerzen, die störte wahrscheinlich nicht weiter. Alle Gäste hatten kleine Geschenke mitgebracht: Peter einen kleinen Rettungswagen, Max und Anja eine kleine Flöte aus Metall, und Klaus einen grünen Traktor, der eigentlich eine Spardose war.

Erst spielten sie mit Lego. Dann musste Florian seinen Schatz von Spielzeugautos auspacken. Peter war ganz begeistert von dem neuen Rennwagen, den Florian am Morgen von Mama und Papa geschenkt bekommen hatte. Ein Auto zum Fernlenken! Mit Licht! Beim Fahren sprühten Funken aus dem Motor, so schnell war das Gerät! Peter wollte die Fernbedienung gar nicht mehr aus der Hand geben, und Max und Klaus wurden langsam ein bisschen neidisch, denn sie wollten auch einmal mit dem Rennwagen fahren. Anja guckte gar nicht hin, sie spielte lieber mit den Teddybären auf Florians Bett.

Dann kam die Geburtstagstorte, die Papa gestern gebacken hatte. Mama hatte sie heute Morgen wunderbar mit Smarties verziert, so dass die Torte wie ein Krokodil aussah. Es gab ein großes Hallo, und alle langten kräftig zu, nachdem die großen Stücke auf die Teller verteilt waren. Klaus fiel ein Kuchenstück vom Löffel auf den Fußboden, aber heute machte das nichts. Papa runzelte nicht einmal die Stirn. Am Geburtstag war eben alles erlaubt.

Nach dem Kuchen schauten sich alle Florians Ninjakarten an. Er war besonders stolz auf seine Kampfninjas, vor allem den „kreuzförmigen Aderfetzer" und den „Raketenhühnchen-Greifer". Diese Karten hatten seine Freunde noch nie gesehen! Alle bestaunten die Bilder. Max meinte allerdings, dass das Bild fast so wie die Karte mit dem „blutstarrenden Verhörmeister" aussah, was Florian nun gar nicht fand. Peter sagte, Ninjakarten seien langweilig, deshalb stritten sie sich eine Weile.

Klaus fand dann in der Ecke den weichen Ball, mit dem man wunderbar auch im Zimmer Fußball spielen konnte, ohne dass gleich eine Scheibe zu Bruch ging. Und da waren sich dann alle wieder einig. Ein kleines Spiel unter Freunden, das ging immer. Anja bekam eine Trillerpfeife, und das Match konnte beginnen.

Anja war keine besonders gute Schiedsrichterin. Deshalb war es unklar, ob am Ende Florian und Peter, oder die andere Mannschaft von Klaus und Max gewonnen hatten. Aber Spaß hatte es gemacht. Und die Möbel waren auch heil geblieben.

ℰ

Zum Abschied gab es Kinderpunsch. Das war lecker! Papa fragte die Gäste, wie es bei ihnen in der Kita so ging. Klaus erzählte, dass alle Kinder zu Hause bleiben müssten, weil es einige Fälle von Corona gegeben hatte. In Peters Kita war nur eine Betreuerin krank geworden — aber richtig krank, glaubte Peter.

Dann verabschiedeten sich die Kinder. Max und Anja wurden von ihrer Mutter abgeholt, damit sie sich nicht verliefen. Klaus und Peter konnten schon lange allein nach Hause gehen, sie hatten es auch nicht so weit.

Florian blieb zurück und schaute sich noch einmal seine Spielsachen an, die er von seinen Freunden geschenkt bekommen hatte. Die Flöte war am besten. Allerdings meinte Papa, dass man darauf besser leise spielte, damit die Nachbarn nicht gestört werden. Er sagte: „damit die Nachbarn nicht jedes Mal vom Stuhl fallen, wenn du hineinbläst", und das fand Florian lustig. Er hatte noch nie Menschen gesehen, die vom Stuhl fielen, aus welchem Grund auch immer.

Nur dass die Oma nicht gekommen war, das machte Florian ein bisschen traurig, wenn er daran dachte. Wie konnte man seinen Geburtstag vergessen!

🖋

Dann kam Mama von der Arbeit zurück. Sie war ein bisschen müde. Papa nahm sie in die Arme und sagte, dass er dabei sein, ein besonders schönes Abendessen für alle vorzubereiten. Deshalb könne sie sich jetzt erst einmal gut ausruhen. Dann fragte Papa Florian, ob er der Mama nicht von seiner Feier mit den Freunden erzählen wolle.

Und das tat Florian. Er holte die neuen Geschenke aus dem Kinderzimmer und erklärte zu jedem einzelnen, von wem er es erhalten habe und wie er es finde. Die Flöte zeigte er zuletzt, weil sie ihm eigentlich am besten gefiel. Er blies hinein, aber nur ganz vorsichtig, damit Mama und Papa nicht von ihren Stühlen fielen und sich wehtaten.

Papa kam aus der Küche zurück und schenkte Mama und sich „zur Feier des Tages" (wie Papa sagte) ein Glas Wein ein. Sie gratulierten dem Geburtstagskind noch einmal und prosteten ihm zu. Florian erhob auch sein Glas und trank den Rest des Kinderpunsches aus. Anschließend erzählte Mama von ihrem Tag, und Papa berichtete über die

Telefongespräche, die er heute alle von zuhause machen konnte. Das interessierte Florian nicht mehr so sehr, und deshalb wurde er ein bisschen müde.

„Bevor du jetzt einschläfst, Florian, musst du noch ein wenig warten. Vielleicht bekommen wir ja noch Besuch…", sagte Papa und lächelte. „Ich bereite schon mal das Abendessen vor."

„Ich schlafe nicht ein," sagte Florian und gähnte. Er fragte sich, wen oder was Papa wohl gemeint haben könnte. Wer konnte jetzt noch kommen? Vielleicht waren die Nachbarn doch sauer über sein Flötenspiel? Oder waren seine Gäste beim Fußballspiel am Nachmittag ein wenig zu laut geworden? Eher waren es wohl Geschäftsfreunde von Mama oder Papa. Er überlegte, wie er später am besten seine neue Flöte hervorholen konnte, dann würde man ja sehen, ob er die Erwachsenen nicht doch wie von Zauberhand von den Sitzen fallen lassen könnte…

In dem Moment klingelte es an der Wohnungstür. Mama ging, um zu öffnen. Sie kam zurück mit…Oma!

„Oma!" rief Florian und stürmte auf sie zu. Das war ja wirklich eine Überraschung! Von so weit her war sie gekommen, ohne vorher etwas zu verraten! Jetzt war der Geburtstagsabend noch richtig schön geworden.

„Ich habe dir auch ein kleines Geschenk mitgebracht", sagte Oma und hielt Florian ein kleines Päckchen hin. „Für den großen Jungen. Seinen Geburtstag würde ich doch nie vergessen."

Florian riss ungeduldig das Geschenkpapier auf. Ein Buch! Mit richtigen Buchstaben und nur ganz wenigen Bildern!

„Du kannst ja schon fast lesen, habe ich gehört", sagte Oma und zwinkerte lachend mit den Augen. „Und wo du doch bald in die Schule kommst!"

„Stimmt, Oma!" sagte Florian und schaute sich das Buch genauer an. Auf der ersten Seite stand „Rbr Htznpltz" oder so ähnlich, das würde er sicher bald ganz entziffern können. Wunderbar!

„Und außerdem habe ich gehört," fuhr Oma fort, „dass du einen neuen grünen Traktor hast, der auch eine Sparbüchse ist. Da werde ich gleich etwas hineinstecken!"

Woher Oma das wieder wusste!

Und dann brachten Papa und Mama das Abendessen herein. Es wurde noch ein ganz toller Abend. Seinen Plan mit der Flöte hatte Florian ganz vergessen.

Hand in Hand

Ein Amtszimmer im Stil der 2020er Jahre, mit mehreren Schreibtischen und einem Tresen, der die drei Arbeitsplätze mit ihren Bildschirmen und Schreibtischen streng vom Besucherbereich trennt.

Es sitzt nur ein Beamter an seinem Arbeitsplatz. Eine Bürgerin mittleren Alters betritt zögernd den Raum und stellt sich an den Tresen.

ER: *(routiniert und ohne aufzublicken, undeutlich)* Morgen.

SIE: *(zurückhaltend, fast ängstlich)* Guten Morgen.

ER: *(routiniert und ohne aufzublicken)* Was kann ich für Sie tun?

SIE: Ich komme wegen der Müllsäcke. Wegen der grünen Säcke. Für Glas.

ER: *(blickt auf, runzelt die Stirn)* Ja?

SIE: Grüne Säcke. Ich brauche welche.

ER: *(runzelt die Stirn stärker)* Die haben wir Ihnen doch schon geliefert. Das machen mir routinemäßig am Anfang des Jahres. Meistens.

SIE: Das stimmt, da haben wir welche bekommen. Aber jetzt sind sie uns ausgegangen. *(Lacht)* Wir sind eben fleißige Mülltrenner.

ER: *(mürrisch, blickt auf seinen Bildschirm)* Das ist gut. Weiter so.

SIE: *(nach dreißig Sekunden)* Und wo bekomme ich jetzt neue grüne Säcke?

ER: *(blickt auf)* Hier bei uns. Wenn die Bedingungen erfüllt sind.

SIE: *(zögernd)* Bedingungen?

ER: Ja. Wir können die Säcke ja nicht jedem geben. So ohne Weiteres.

SIE: *(noch zögerlicher)* Und… was sind die Bedingungen?

ER: *(im Brustton der Überzeugung)* Also erstens müssen Sie hier in der Stadt wohnen.

SIE: *(erleichtert)* Kein Problem. Tun wir.

ER: Das ist gut. Und zweitens brauche ich den Gutschein. Den Bon.

SIE: *(erschrocken)* Den Bon?

ER: *(gedehnt und betont, trotzdem gelangweilt)* Ja, den Bon. Den Sie mit dem Müllkalender zusammen erhalten haben. Vor ein paar Monaten. Da waren Gutscheine dran, für grüne Säcke, für gelbe Säcke und für Papiersäcke. War dort alles erklärt.

SIE: *(leise, zum Fenster blickend)* Daran kann ich mich gar nicht mehr erinnern…

ER: *(laut)* Also, die Müllberge können wir nur zusammen mit den Bürgerinnen und Bürgen bewältigen. Bürger und Verwaltung müssen eng zusammenarbeiten, sonst wird das nichts. Hand in

Hand muss das gehen, sozusagen. Sonst ersticken wir im Müll.

SIE: Das sehe ich ein. Machen wir ja auch. Zusammenarbeiten, meine ich. Deshalb bin ich ja hier.

ER: Das ist gut. Dann geben Sie mir bitte den Gutschein.

SIE: Den Gutschein…? Ich habe keinen Gutschein.

ER: Der war aber am Müllkalender.

SIE: Ja, das könnte sein. Aber ich weiß gar nicht mehr, wo der Müllkalender gelandet ist.

ER: *(im Bewusstsein seiner Amtsautorität)* Sehen Sie, man muss eben sorgfältig mit seinem Müll umgehen. Nicht, dass Sie den Müllkalender in den Papiermüll gesteckt haben…?

Er macht eine wegwerfende Bewegung. Sie schweigt betreten, wenn auch nicht schuldbewusst. Nach einigen Sekunden des Wartens:

ER: Also den Gutschein brauche ich schon.

Sie schweigt weiter.

ER: Wenn Sie den nicht haben, kann ich Ihnen keine Müllsäcke geben. Ohne Gutschein keine Säcke. Wir müssen ja Hand in Hand arbeiten, sonst geht es nicht.

SIE: *(kleinlaut)* Es muss doch eine Lösung geben für den Fall, dass man keinen Gutschein dabeihat, oder? Ich bin doch nicht die einzige, der so etwas passiert.

ER: *(lacht)* Nein, das sind Sie wahrhaftig nicht. Aber die Gutscheine sind ja extra dafür da, dass mit den Säcken kein Schindluder getrieben wird.

SIE: Ja, das muss wohl so sein. *(Pause)* Und wie komme ich jetzt an Säcke? *(Erleichtert)* Oder kann ich andere Säcke für den Glasmüll benutzen?

ER: *(sofort)* Auf gar keinen Fall. Die würden sowieso nicht mitgenommen werden. Das ist illegal.

SIE: Aber wenn wir Hand in Hand arbeiten wollen, dann muss es doch eine Lösung geben?

ER: *(kategorisch)* Wir brauchen den Gutschein.

SIE: *(hilflos, zögerlich, niedergeschlagen)* Dann schau ich noch mal nach, ob ich zuhause etwas finde. *(Wendet sich zum Gehen)* Danke für Ihre Zeit.

ER: Keine Ursache. *(Schaut auf seinen Bildschirm)*

Sie erreicht die Tür und öffnet sie.

ER: *(ohne aufzublicken)* Ach, was ich noch sagen wollte. Sie brauchen sicher einen neuen Müllkalender.

Sie dreht sich um und kehrt an den Tresen zurück.

SIE: Ja!

Er greift ohne aufzublicken unter den Tresen und legt einen Müllkalender auf die Platte.

ER: Hier. Für Sie.

SIE: *(greift ungläubig und erleichtert nach dem Müllkalender)* Danke!

ER: *(ohne aufzublicken)* Keine Ursache. Aber wir brauchen den Gutschein.

SIE: Ja, sofort. *(Reißt einen Gutschein für grüne Säcke vom Müllkalender ab und reicht ihn über den Tresen)* Hier.

ER: Danke.

Er greift erneut unter den Tresen und bringt eine Rolle grüner Säcke zum Vorschein, die er ohne erkennbare Gemütsregung auf den Tresen legt.

ER: Hier. Immer schön trennen, sonst wird das nichts. Und immer auf den Müllkalender achten. Nicht entsorgen. Erst entsorgen, wenn die Gutscheine eingelöst sind und das Jahr vorbei ist. Dann geht es auch zwischen Verwaltung und Bürgern.

SIE: *(greift sofort nach den Säcken und verstaut sie in ihrer Handtasche)* Ja, klar. Werde ich mir merken.

Sie geht zum Ausgang, blickt sich noch einmal um und schließt dann schnell die Tür hinter sich.
Der Beamte widmet sich wieder seinem Bildschirm.

Heute ist Weltfahrradtag

Heute ist Weltfahrradtag
Heute ist Weltsojatag
Heute ist Welttag des Buches
Heute ist Tag der Schwertschlucker

Morgen ist Welttheatertag
Morgen ist Weltpartytag
Morgen ist Weltkrokettentag
Morgen ist Tag der Bienen

Übermorgen ist Weltozeantag
Übermorgen ist Welttag der Architektur
Übermorgen ist Weltinkontinenztag
Übermorgen ist Tag des Purzelbaums

Nächste Woche ist Welttag des Kusses
Nächste Woche ist Weltrohkosttag
Nächste Woche ist Welttag des Bartes
Nächste Woche ist Tag des Toilettenpapiers

Nächsten Monat ist Weltbambustag
Nächsten Monat ist Welttourismustag
Nächsten Monat ist Welttag des Sehens
Nächsten Monat ist Tag des Weltpostvereins

Nächstes Jahr ist Welttag der Vorsicht
Nächstes Jahr ist Welttag der Langeweile
Nächstes Jahr ist Welttag des Tages
Nächstes Jahr ist Tag des Gedichts

Ach nein, das ist ja schon heute

Anmerkungen

Das **Missverständnis am Meer** (S. 15) ist eine Übersetzung aus dem Englischen.
Original in „Trunk, Branch, Leaf".

Die Liedzeile „Deine Liebe ist nicht mehr als nur ein Autogramm" in der Erzählung **Jack** (S.29) stammt aus dem Song „Du willst mir an die Wäsche" der Band Jennifer Rostock. Zu sehen auf YouTube.

Der Text **Nur ein paar Schritte** (S. 69) entstand für eine Lesung des Literarischen Vereins zum Internationalen Roma-Tag (8. April). Die Zitate geben einige der Inschriften am Rande der Gedenkstätte für die im Nationalsozialismus ermordeten Sinti und Roma im Berliner Tiergarten wieder (www.stiftung-denkmal.de).

Die Erzählung **Der Steuerprüfer** (S. 85) entstand für eine Lesung des Literarischen Vereins in Speyer. Sie ist eine kleine Verbeugung vor Nicolai Gogol, geboren 1809 in Weliki Sorotschinzi in „Kleinrussland", das heute Ukraine heißt. Sein bekanntestes — und noch heute viel gespieltes — Theaterstück ist der „Revisor", der im „Steuerprüfer" auf den neuesten Stand gebracht wurde.

Die Story **Kaffeeriecher** (S. 95) entstand ursprünglich für die Schreibwerkstatt von Bahiyyih Nakhjavani in Strasbourg und wurde für die deutsche Fassung leicht gekürzt. Einzelheiten zu den historischen Kaffeeriechern entstammen dem Buch "Von Kaffeeriechern, Abtrittanbietern und Fischbeinreißern. Berufe aus vergangenen Zeiten", von Michaela Vlieser und Irmela Schautz (München 2010).
Original in „Coffee Sniffers".

Geburtstag vergessen! (S. 105) ist ein Geschenk für meinen Enkel Jonas zu seinem sechsten Geburtstag.

Der szenische Dialog **Hand in Hand** (S. 113) ist nicht ganz frei erfunden. Ähnlichkeiten mit lebenden Personen sind keineswegs unbeabsichtigt.

Frühere Bände

Texte 2017
Dezember 2017

⌀

Erprobungen - Test runs 2016-2018
August 2018

⌀

Coffee Sniffers
und andere Geschichten/and other stories
November 2018

⌀

Trunk, Branch, Leaf
Short stories
November 2019

⌀

Lockdown Heroes
Short stories
Dezember 2020

⌀

Müllerstraße, Wedding
und andere Texte 2017-2021
November 2021
2. Aufl. Februar 2022

Ulrich Bunjes
Gabelsbergerstraße 9
67346 Speyer

ulrich@bunjesrepublik.de

Ausgewählte deutsche und englische Texte stehen auf
www.bunjesrepublik.de
als Download bereit